南京稀见文献丛刊

金陵明故宫图考

（民国）葛定华 撰

南京明故宫制度与建筑考

（民国）朱偰 撰

审校 王志高 邢定康

南京出版传媒集团
南京出版社

**图书在版编目（CIP）数据**

金陵明故宫图考·南京明故宫制度与建筑考 / 葛定华，朱偰撰 .-- 南京：南京出版社，2021.4

（南京稀见文献丛刊）

ISBN 978-7-5533-3229-1

Ⅰ.①金… Ⅱ.①葛… ②朱… Ⅲ.①故宫—史料—南京 Ⅳ.① K928.74

中国版本图书馆 CIP 数据核字（2021）第 051776 号

丛 书 名：南京稀见文献丛刊
书　　名：金陵明故宫图考·南京明故宫制度与建筑考
作　　者：（民国）葛定华　（民国）朱偰
出版发行：南京出版传媒集团
　　　　　南 京 出 版 社
　　社址：南京市太平门街 53 号　　　　邮编：210016
　　网址：http://www.njcbs.cn　　　电子信箱：njcbs1988@163.com
　　联系电话：025-83283893、83283864（营销）　025-83112257（编务）

出 版 人：项晓宁
出 品 人：卢海鸣
责任编辑：程　瑶
装帧设计：王　俊
责任印制：杨福彬

排　　版：南京新华丰制版有限公司
印　　刷：南京工大印务有限公司
开　　本：890 毫米 ×1240 毫米　1/32
印　　张：3.25
字　　数：62 千
版　　次：2021 年 4 月第 1 版
印　　次：2021 年 4 月第 2 次印刷
书　　号：ISBN 978-7-5533-3229-1
定　　价：25.00 元

用微信或京东 APP 扫码购书

用淘宝APP 扫码购书

# 学术顾问

茅家琦　　蒋赞初　　梁白泉

# 编委会

# 总　序

　　南京是我国著名的七大古都之一，又是国务院首批公布的 24 座历史文化名城之一。有将近 2500 年的建城史，约 450 年的建都史，号称"六朝古都""十朝都会"。南京的地方文献是中华历史文化资源的一个重要组成部分，是研究我国政治、经济、军事、文化和民风民俗的重要资料。为了贯彻落实党的十九大精神和习近平新时代中国特色社会主义思想，配合南京的经济发展与城市建设，深度挖掘历史文化资源，做好历史文献整理出版工作，不仅有利于传承、弘扬南京历史文化，提升南京品位，扩大南京影响力，也有利于推动物质文明、政治文明、精神文明、社会文明、生态文明协调发展。

　　长期以来，南京地方文献还没有系统地整理出版过，大量的南京珍贵文献散落在全国各地的图书馆和民间。许多珍贵的南京文献被束之高阁，无人问津，有的随着岁月的流逝而湮没无闻。广大读者想要查找阅读这些散见的地方文献，费时费力，十分不便。为开发和利用好这一祖先留给我们的文化瑰宝，充分发挥其资治、存史、教化、育人功能，南京出版传媒集团（南京出版社）与南京市地方志编纂委员会办公室组织了一批专家和相关人员，致力于搜集整理出版南京历史上稀有的、珍贵的经典文献，并把"南京稀见文献丛刊"精心打造成古都南京的文化品牌和特色名片。为此，我们在内容定位上是全方位、多视角地展示南京文化的深层内涵和丰富魅力；在读者定位上是广大知识分子、各级党政干部以及具有中等以上文化程度的人；在价值定位上，丛书兼顾学术研究、知识普及这两者的价值。这套丛书的版本力求是国内最早最好的版本，点校者力求是南京地方文化方面的专家学者，在装帧设计印刷上也力求高质量。

总之，我们力图通过这套丛书的出版，扩大稀见文献的流传范围，让更多的读者能够阅读到这些文献；增加稀见文献的存世数量，保存稀见文献；提升稀见文献的地位，突显稀见文献所具有的正史史料所没有的价值。

"南京稀见文献丛刊"编委会

# 导　读

## 《金陵明故宫图考》

明太祖朱元璋定鼎之金陵,经历洪武、建文、永乐三朝50多年的建设,已成为名闻天下的帝都,奠定了此后600多年南京都市发展的基石。永乐十九年(1421),京师迁往北京后,南京称为"留都""南都",仍为两京之一,仍一直保留五军都督府、六部等中央官署,明末还一度作为弘光一朝的都城,其地位及重要性仅次于北京。明都南京包括宫城、皇城、都城、外郭四重城垣,意大利传教士利玛窦誉之:"论秀丽和雄壮,这座城市超过世上所有其他的城市。"其中的宫城与皇城,后世一般称作明故宫,是凝聚当时社会财富、集体智慧与精湛技术建造起来的皇权象征,是明初帝国的心脏所在,曾对明中都宫阙和北京明故宫的规制产生过重要影响。

据文献记载,永乐迁都后,南京故宫一直有重臣驻守,并代有修复。南京明故宫的大规模破坏,始于清初乱兵的大肆劫掠及此后不久的改建驻防城。晚清太平天国攻占南京后,为营建新宫,曾大量拆取明故宫砖瓦、石料,其建筑再次遭受重创。民国初年的战乱及居民的肆意掘取,特别是国民政府定都南京后，1928年起开始大规模城市建设，陆续在其地开辟道路，起建各类建筑及机场，明故宫地区已瓦砾遍地，面貌全非。今日之明故宫，除午门、西安门、西华门、东华门、内外五龙桥等极少残损建筑尚存于地表外，余皆湮没于鳞次栉比的都市建筑群之下。其遗址已于2000年列为南京市地下文物重点保护区之一，2006年被公布为全国重点文物保护单位。

关于南京明故宫，各类文献记载甚多，涉及其营建、布局、沿革、修缮、圮毁等方方面面。这些文献虽然重要，但主要属于著录性质，真正对明故宫开展现代意义上的学术研究，则始于民国时期国立中央大学的葛定华教授。

葛定华（1902—1990），江苏溧阳人，毕业于北京大学。1929年，赴英国牛津大学留学深造，研究生毕业。归国后历任广州国立中山大学文学院史学系主任、教授，南京国立中央大学文学院史学系兼任教授，河南大学文史系史学组主任、教授。抗战胜利后的1947年夏，他还一度短暂担任位于南京三牌楼紫竹林寺的国立东方语文专科学校校长，后任浙江国立英士大学文理学院史学系主任、教务长。中华人民共和国成立后，长期任河北大学历史系教授。

他是著名历史学家，主攻世界中世纪史及外交史，有《拜占庭帝国》《西洋最近史（上卷）》《世界最近外交史》《西洋思想史（英文版）》《史学概论》《历史教学法》《日军侵占东省之国际情势与外交对策》《西来初地华林寺考访记》《史之渊源考》《〈大唐西域记〉所记第七世纪印度历史概观》

《1924—1927年的国民革命》《彼库里奴隶、被释奴隶、隶农和农奴的区别》等论著出版(发表)。除历史学外,他涉猎广泛,又及于经济学、文字学、考古学等领域,代表作有《国民经济建设要论》《简体字应否强制推行》《考古学之辅助科学与研究方法》等。

《金陵明故宫图考》是葛定华教授早年撰写的关于南京明故宫研究的一部专著,1933年5月由国立中央大学出版组印行,其封面由国立中央大学时任校长罗家伦题名,内页标明系"国立中央大学文学院史学系专篇之一"。据序言及第一节所记,葛定华先后两次考察南京城东的明故宫遗址。一次是在1919年春,他曾游览金陵,"访问故宫遗址"。经"居民引指",他自大中桥而东,北行里许,依次考察东厂街之东的清将军署、午门、五龙桥,及桥北1915年新建的南京古物保存所后即折返,对明故宫其他遗迹,则"未及考访"。一次是在1933年春,他再"来京师,于授课之余,率诸生作实地之研究,重访故宫遗迹"。所谓"授课之余",当指葛定华受聘国立中央大学史学系的兼任教授。有感于记载金陵明故宫之典籍"往往失实而不足据",他根据实地考察之收获,并参考"诸书所记,审辨考订"而作是书,以备世人追思当年之壮观。

除序言外,该书分故宫遗迹、故宫兴废、故宫地址、故宫建置、故宫宫阙五节,对南京明故宫的兴废沿革、主要建筑及其相互位置关系等,做了比较详细的分析考证,并绘制了明代南京故宫图。其第五节虽名"故宫宫阙",但据内容实为"故宫宫阙图"。需要说明的是,《金陵明故宫图考》虽以专著形式出版,但全文总计不及两万字,实则为一篇专文。尽管如此,作者利用所掌握的大量文献记载,并结合实地考察,对相关具体问题的讨论甚详,代表着当时明故宫研究的最高水平。三年后的1936年8月,朱偰先生所著《金陵古迹图考》在商务印书馆出版。其书第十章"明代之遗迹"专列"城郭及宫阙"一节介绍明故宫,书后附录的明都城图、明代宫城图也涉及明故宫,但相关分析不及《金陵明故宫图考》详博,相关认识也不及后者准确。种种线索表明,朱偰先生编著《金陵古迹图考》一书似乎没有参考早已出版的《金陵明故宫图考》,个中原因有待探讨。朱偰先生对南京明故宫认识的升华,无疑要到中华人民共和国成立后撰写的《从一篇新发现的明人故宫记中研究明故宫的制度和建筑》,从引文及原注看,此际,《金陵明故宫图考》的成果已为朱偰先生关注了。

作为第一部专题研究明故宫的著作,《金陵明故宫图考》的价值首先在于它保存了与明故宫相关的不少实地调查资料,如书中关于午门外"有左右环伸之城,向南成冂形,是即两观也。今门楼已废,门阙依然,而左右环伸之观,亦被拆毁,惟遗土石垒然,高丈许,石基尚无恙,量其基南北各长约六丈,北端接门楼,厚约三丈"的记载,关于古物保存所以北"黄土一片,其中央略高处,当为三殿之基。由南而北,有方石百十,序列地面,石广如方桌,厚亦如之,多倾倚于土中。近有击碎以售者,并掘取其基之填石,基石深及丈,广亦及寻,盖为宫殿之正殿柱础也"的记载,关于明故宫"西北隅有土阜,大数亩,相传为妆台旧址,今有民家三五,结茅其上。旧时土阜之太湖石,亦尽为人取去"的记载,等等,对于今人了解、研究 20 世纪 30 年代初明故宫的面貌及历史变迁都比较重要。

其次,针对一些具体问题的分析,作者也颇多真知灼见。如清代、民国时期俗称明故宫皇城东门、西门为东华门、西华门,官城东门、西门为东安门、西安门,葛定华认为"东西华、玄武当为紫禁城门,东、西、北安当为皇城门。或有据现时俗称西华门在天津桥处,因谓西华为皇城门者。不知清初改建驻防城,延用其名也。清代明宫已毁,俗人难辨,故混称东、西华门为东、西长安门,口碑固有时不足征也"。又如关于前湖由来及其与燕雀湖的关系,葛定华认为元末明初修筑大内所填者是燕雀湖,不是前湖。填燕雀湖后,"钟山水流无所容,复建长郭以阻之,遂于城外注溢为湖,即今之前湖也",故前湖之名始于明代。这些认识纠正了前人及地方文献之误,更符合逻辑及事实,至今对明故宫、明城墙诸问题的研究仍具一定参考价值。

当然,由于作者对明故宫遗址仅开展两次短暂的考察,从"率诸生作实地之研究"到成书出版也仅数月时间,其书难免粗略,甚至还有不少讹误。如:作者在文中介绍"史志均载(南朝梁)昭明(太子)墓在鸡笼山北麓",实则并无相关史志记载;他还推测南朝金华宫旧址在明故宫"皇城西北,抵竹桥之侧",永安宫旧址在皇城西南部长安街西口,实则均无可靠依据；书末所拟的明故宫图，仍延续《同治上江两县志》之误，将社稷坛、太庙分别绘于宫城外侧更偏西南和东南，与实际的位置并不相符。这一点朱偰先生也已指出。

本次整理的《金陵明故宫图考》，即以1933年5月国立中央大学出版组刊行的初版为底本校勘文字，对其中明显的异文、错讹及遗漏等，一并以页下注的形式出注。原书虽有标点，但与今日用法并不完全相同，则按现行要求径改，不再出注说明。

王志高

## 《南京明故宫制度与建筑考》

### 一

朱偰先生的《从一篇新发现的明人故宫记中研究明故宫的制度和建筑》（以下均称《南京明故宫制度与建筑考》）手稿，于2020年12月16日亮相金陵图书馆展厅，陈列在南京旅游学会策展的"散落在家园的流年碎影——南京老照片·老物件展"的展柜中。这是它首次与公众见面。

我作为策展人，举办此展的初衷是要再现老南京的"流年碎影"，以勾起观众的绵绵乡愁，如同展览"题记"所云："岁月如梭，日子就这么过去了；岁月如影，转身即逝，挥之不去；岁月如金，依恋，不舍，珍惜；岁月如梦，谱写着走心新曲。"而意外的收获和惊喜是，征集到了朱偰先生的手稿。这正如南京旅游学会理事、雕塑家朱泽荣在布展时所说：

"当双手捧起朱偰先生手稿的时候,有一种特别的、沉甸甸的感觉。"

我们将朱偰先生手稿展示出来,不仅是寄托对这位南京明城墙坚定捍卫者的缅怀,更重要的是因手稿从未公开发表,必会引起学术界的高度关注。

手稿的收藏者朱海沫,供职于南京市文化和旅游局。他是泰州籍的南京人,打小热爱南京的一草一木,又受父辈的影响,喜好旧文献物件的收藏。他从身为南京旅游学会理事的同事季宁那里得知要办这样一个展览,立即想到自己压箱底的珍藏,于是主动将朱偰先生手稿送展。这也了却了他的一番心愿。

关于手稿的来历,据朱海沫回忆:大约在五六年前,北京友人打电话告之,在古旧书肆发现了朱偰先生手稿一件。获此信息,他颇为激动,随即让朋友传几张手稿照片过来,确认后委托他无论如何想办法将手稿购得。

"从北京取回朱偰先生于艰难困顿中写的未刊发论文手稿,个中几番周折,北去终究南归。念凤凰集香木,复从更生,以此告慰。"朱海沫如是说。

## 二

朱偰(1907—1968),字伯商,浙江海盐人,1923年考入北京大学预科,继而就读于政治学系,毕业后赴德国入柏林大学攻读经济,兼修历史、哲学,获经济学哲学博士学位。

朱偰于1932年回国,落户在了南京,曾任国立中央大学经济系主任,国民政府财政部专卖事业司司长、关务署副署长等职,曾作为中国第二代表出席了日内瓦第三次国际关税贸易会议。他的《农村保护关税——洋米进口税之税率的研究》《农村经济没落原因之分析及救济农村生计之对策》等诸多论文,无不与民生民计有关。尤其在抗战中,他草拟战时财政计划,提出以租税支持公债,公债保证通货,防止通货膨胀,以筹措战费之主张,无不体现出拳拳的赤子之心。

朱偰不仅是资深的经济学家,更是难得的历史学家。他深受其父、北京大学史学系开拓者朱希祖的影响,精研文史,所著专论的学术价值极高,且充盈着爱国主义的情怀。

20 世纪 30 年代,日寇侵华面目毕现。在国立中央大学执教的朱偰,牵挂着北京故宫的安危,于 1935 年暑假北上,遍考故宫内外宫殿苑囿,撰写了《北京宫阙图说》《明清两代宫苑建置沿革图考》《元大都宫殿图考》等著作。他在《北京宫阙图说》"序"中写道:"夫士既不能执干戈而捍卫疆土,又不能奔走而谋恢复故国,亦当尽其一技之长,以谋保存故都文献于万一,使大汉之天声,长共此文物而长存。"

朱偰对古都南京更是呵护有加,以为"文学之昌盛,人物之俊彦,山川之灵秀,气象之宏伟,以及与民族患难相共、休戚相关之密切,尤以金陵为最。"自 1932 年至 1935 年,他在执教之余,挎上一部照相机,踏遍南京的山山水水,采用实地摄影、测量等方式,结合文献资料,完成了专著《金陵古迹图考》《金陵古迹名胜影集》《建康兰陵六朝陵墓图考》。这三部杰作创下了三个"第一":第一个运用现代科学方法研究和叙述南京的历史;第一个运用现代照相技术全面记录南京的名胜古迹;第一个采用现代田野考古方法研究六朝的陵墓。

中华人民共和国成立后,朱偰一度出任江苏省文化局副局长。期间,他用身躯捍卫南京明城墙,导致被摘掉了官帽,换上了"右派"的帽子。他的政治生命虽戛然而止,但却受到了南京人民的爱戴。以后,摘掉"右派"帽子的朱偰,作为"摆设"被分配到南京图书馆工作。在这样的环境下,他不忘初心,继续从事文史研究,尽管明知研究成果当下不可能发表,仍笔墨不止,勤奋耕耘。他的《南京明故宫制度与建筑考》,就是在那一时期完成的。他在这部专论中云:"我们研究古代宫廷制度,不单是为了研究而研究,更不是为了好古,而是为了用我们研究出来的结果,更好地说明社会发展史。"

1966年8月26日,朱偰居住的清溪村一号小院火光冲天。这是图书馆造反派在焚毁他的私家藏书,整整烧了半天。尽管他的藏书已捐给国家,仅是暂借在他家存放,仍难逃噩运。这其中就包括他在那时期完成的多篇论文手稿,以及《金陵古迹图》《南京近郊名胜古迹图》《明代宫城复原图》等绘图。正如朱元春女士在《追记先父朱偰先生》一文中所云:"可惜他费尽心机绘制成的这三张古迹图、论文,在十年浩劫中,均荡然无存。"

不幸之中的万幸,《南京明故宫制度与建筑考》手稿并未葬身火海,而是流入北京,而今又神奇地辗转回归了。

# 三

我们现在看到的《南京明故宫制度与建筑考》手稿,是用南京图书馆 1962 年印制的"20x25=500"的方格稿纸写作的,共计 22 页、10000 余字。手稿虽有洇痕,其中数页残破,却因字迹工工整整,书写一丝不苟,致使正文及添加修改的注解仍然清晰。其书法之硬朗严谨,令我等晚辈自愧不如。

朱偰的这份手稿,未注明写作时间,仅能从稿纸上标明的印制年份推测出是写于 1962 年以后。在查阅朱偰先生的日记后,欣喜地了解到其写作的全过程。它写于 1964 年 1 月 11 日,"凡历四日"完成,其间包括绘制专论的附图《明代宫城复原图》等。到了第二年的 11 月 16 日,朱偰又做了一次"改写",还于次日在"灯下校阅论文全文一遍"。

阅读朱偰有关写作《南京明故宫制度与建筑考》的日记,还有许多意外的收获和感慨。其一,他每天早上六点或六点半起床,"早餐后洒扫房屋";晚上"九时听无线电而睡"。这样良好的作息习惯,保证了他白天有充沛的写作精力。这很值得我等晚辈,尤其是现在的年轻人学习效仿。其二,他在 1964 年 1 月 23 日的日记中记道:"本月份已写文章三篇:(1)《至陈大齐的公开信》,(2)《从明人一篇故宫记中研究明故宫制度和建筑》,(3)《国民党专卖的内幕》。此外又写《天风海涛楼剳记》八条(五行志六条、瓷器二条),可以小休。"由此而知,他在不到一个月的时间,又是那样的环境中,写下了这么多的文章,实在令人感佩。

# 四

朱偰先生写作《南京明故宫制度与建筑考》，缘于他从旧稿本中发现了一篇明人潘孟登写的《故宫记》。

说到故宫，人们普遍以为是指北京故宫，而非南京故宫。这是因南京故宫早已全毁，仅留下"巴掌大"的遗址，而北京故宫至今巍巍屹立，举世瞩目。然而，从建筑史上来说，南京故宫是首创，北京故宫是仿建。显而易见，前者更为伟大。

说到仿建，别的不论，仅以宫城为例，在《南京明故宫制度与建筑考》中记载："北京紫禁城，从东到西，长约〇·七五公里，不到一公里，而南京明宫城，从东到西，则长〇·七六公里，略大于北京紫禁城；从南到北，前者长约一·一公里强，后者长约一·〇四公里，则小于北京紫禁城。"由此可知，两者在占地规模上亦相差无几。

可以想象，首创的南京故宫，昔日是何等的恢弘壮观。

不得不说，南京故宫不光是建筑不复存在，留下的史料也很有限。明人所撰的代表作为《洪武京城图志》，而大多史料则散落在明清地方志，以及文人的著作中，如顾起元的《客座赘语》、甘熙的《白下琐言》等。倒是到了1933年，有了一部葛定华的《金陵明故宫图考》专著，是由国立中央大学出版组出版的。仅此而已。朱偰先生在《南京明故宫制度与建筑考》中写道："可是多少年来，对于研究建筑史的人来说，南京的明故宫仍然是一个空白点。"

明人潘孟登《故宫记》的新发现，使得朱偰先生手头有了新的材料。他秉承着一生的史学精神，执着地去填补"空白点"。

大凡做研究的人，都会以原始史料为主要依据，如同葛定华在《金陵明故宫图考》中讲到明故宫阙图，以为"最足征信者，则为《洪武京城图志》。若近版之地图所记，或本于清制，或据自传说，未可为据"。而朱偰先生发现的那篇明人《故宫记》，对明故宫的描写"颇为具体"，虽作者潘孟登已"不可考"，但是明人则无疑，"确是不可多得的第一手材料"。

## 五

据朱偰先生日记，《南京明故宫制度与建筑考》主要是依据明人潘孟登《故宫记》的"第一手材料"，并参考《洪武京城图志》《金陵明故宫图考》等书"写是篇"。

有关潘孟登的《故宫记》，被朱偰先生全文引出，这也让我们可以借此览阅一番。

朱偰先生将潘氏的《故宫记》分成了 11 个段落，逐段加以引证，既找出以往文献中所缺失的，又将之与北京故宫相对照，点出两处故宫之间的大同小异。

朱偰先生在逐段引证潘氏《故宫记》之后，又指出了其至少有四个方面的记载，或"完全忽略"，或"略而不详"，或"未能详记"，或"完全从略"，以为"必须参考其他文献加以补充，方可得见明故宫的全貌"。例如，潘氏文章"完全忽略"了明故宫的水道系统。朱偰先生不仅运用文献进行充实，还数次到现场进行实地调研。1965 年 11 月 17 日晚上，他最后一次在灯下校阅《南京明故宫制度与建筑考》。就在校阅之前的当天傍晚，他还亲"赴明故宫午门，观万历四十九年九月九日疏浚沟渠碑"。如此严谨的治学精神，可敬可叹。

十分遗憾的是，在朱偰先生日记中记载的"明代宫城复原图"，未出现在他的手稿中。此外，专论还附有一张"实测明故宫一带及其周围的地形等高线图"，也不在手稿中。莫非图纸已在那次焚书中被烧毁了，还是如同手稿那般幸运地逃脱了呢？以往以为必是前者无疑，而现在反倒心存侥幸是后者了。

# 六

绘制明故宫图，是研究明故宫制度和建筑的必修，亦是研究专论的主要成果之一。

在《洪武京城图志》中有"皇城紫禁城图"，然而此图"于二城之位置，未能确定，于二城之大小，未能表明，又其绘图未精……殿阙所在，难以指辨"。（引自葛定华《金陵明故宫图考》）

在《金陵明故宫图考》中有"拟明故宫图"，然而朱偰先生认为其中"错误之处尚多，是不能令人认为满意的"。

1951 年，南京市在明故宫遗址北部改筑教练场，起出了宫殿石柱础三百五十多个。南京博物院在朱偰先生建议下，绘出了明故宫石柱础出土地点图。朱偰先生在研究明故宫制度和建筑中，就是以石柱础出土地点图为定位，结合前人的绘图成果，再引入明人《故宫记》的记载，绘制出了"明代宫城复原图"。朱偰先生认为，这样的一张复原图

"纵然不能把明故宫完全复原,也可以恢复到百分之七十以上"。

可以这么说,自"皇城紫禁城图"至"拟明故宫图",再到"明代宫城复原图",南京明故宫图是从 1.0 版提升到了 3.0 版。由此可见,朱偰这张复原图的价值之所在。

现在,《南京明故宫制度与建筑考》终于可以和读者见面了。而此刻的我,衷心地祈愿"明代宫城复原图"如同手稿一样得以回归。我亦希望有学者能参照这一专论,能重新绘制一张"明代宫城复原图",或者又有新的发现,绘成 4.0 版、5.0 版的南京明故宫图。

我期待着。

## 七

附录朱偰先生生前的几则日记,以便读者了解《南京明故宫制度与建筑考》写作的全过程,亦借此向朱偰先生致敬。

**1964 年 1 月 11 日　星期六　阴**

晨六时起,早餐后洒扫房屋。

上午赴南京图书馆开始写《从明人一篇故宫记中研究明故宫制度和建筑》。近余从旧稿本中得明末清初人潘孟登《明故宫记》一篇,描写明故宫颇为具体,故参考《洪武京城图志》《明故宫考》等书而写是篇。

午归半山园用饭。

下午小睡,续写《明故宫制度和建筑》至告一段落。

1964 年 1 月 13 日　星期一　阴雨

晨六时起,早餐后洒扫房屋。

上午赴南京图书馆办公,写《明故宫之制度和建筑》一文至终。校阅《三湘从事录》至终。蒙正发此书以章旷与何腾蛟为中心,颇有史料价值,文笔亦佳。

……

1964 年 1 月 15 日　阴历十二月初一　星期三　阴

晨六时三十分起,早餐后洒扫房屋。

……

傍晚归半山园。

灯下制明故宫图至终,九时沐浴而睡。

1964 年 1 月 16 日　星期四　阴　细雨

晨六时三十分起,早餐后洒扫房屋。

……

下午赴南京图书馆办公,校阅《天南逸史》,续写《明故宫制度和建筑》,补充"部府官署"一段,全篇告成,自开始撰写至是凡历四日。

1965 年 11 月 12 日　星期五　晴

灯下黄盛璋来访,谈南京沿革地理可记者三点:(1)胭脂巷内旧有炳灵公庙,今在七号内犹有明天顺年间碑半埋土中。(2)明故宫午朝门后有碑,旧在宗人府后,记载南京水道颇详。(3)逸仙桥北数百步有沟西流，长约百余米，系城建局探测而得者，与余所绘《金陵古迹图》青溪故道相合。又示《明故宫石础地点图》(南博所绘)，亦与余所绘明故宫图相合。谈至九时十分辞去，沐浴即睡。

1965 年 11 月 16 日　星期二　阴

……

上午赴南京图书馆办公，改写《从一篇新发现的明人游故宫记中研究明故宫的制度和建筑》。

……

1965 年 11 月 17 日　星期三　晴

傍晚赴明故宫午门，观万历四十九年九月九日疏浚沟渠碑。本碑原立宗人府后，言疏浚沟为王政之要务。城南旧有沟，自工部门首北下至东城兵马司门首，标营柳树湾，关王庙太医院，岁久淤塞，后于东长安门水关外发现一穴洞，疏浚后通至宗人府后，流入御河，至柏川桥入杨吴城濠；立碑宗人府后，以志水道云云。颇有价值。

灯下校阅论文全文一遍，听无线电即睡。

## 八

在朱偰先生的手稿中，有 12 条文末注释，本书在整理时，将这些注释随文放在了页下，而整理者添加的注释，均有"整理者注"字样，以示区分。手稿在流传过程中，有描改的痕迹,对还原文字本身有一定程度的干扰,感谢朱偰先生哲嗣朱元曙先生对文字内容释读提供的帮助。

邢定康

# 总目录

金陵明故宫图考

蜀中童先生著

罗家伦题

《金陵明故宫图考》书影

## 第一節　故宮遺跡

明太祖以貧民舉義於濠上，統一中原，奠都金陵，營宮殿社稷於鍾山之陽，歷清代而燬。青溪之東，猶存遺跡，世所稱明故宮是也。民國八年春，嘗遊金陵，訪問故宮遺址，居民引指道路，極目遙瞻，信如于武陵所嘆：「莫問古宮名，古宮空古城。」（于武陵長春宮詩）自大中橋而東，北行里許，翹首東望，瓦礫徧地，處處蓬蒿，不覺：「古城蒼莽饒荊棘，」「驅馬荒城愁殺人」之感，油然勤於中也。而茅茨錯落，居民每撥除瓦石，以事耕植，禾黍離離，鮑溶所詠：「懷宮芳草滿人家」，此景似之。清將軍署，在東廠街之東，辛亥之役，已全燬，惟門闕及照牆尚存。其東午門，旁連宮牆。入午門而北，經五龍橋，有古物陳列所，為革命後新建者。其時祇周覽古物陳列所古物而返，於故宮遺跡，未及考訪也。

自國府奠都金陵，數載經營，景物煥新，大有「但見雄都新朝市，軒車照

三

《金陵明故宮圖考》書影

従一些新發現的明人故宮記中研究明故宮的制度
和建築

朱偰

重京的明故宮，是宅四世紀世界最偉大的宮廷建築之一，它在我國建築史上之佔有比較重要的地位。他之所以
重要，下仅因爲它是南京的主要古蹟之一，而且因爲它是
北京明清两代故宮的藍本，所以研究我國宮殿制度沿革，
具有特殊重要的意义。

可是多少年来，对於研究建筑史的人来说，南京的明
故宮仍然是一个空白点。就是研究南京地方文献的人，对
於明故宮这一个专题，也苦於資料不足，談起明代宫城图

《南京明故宫制度与建筑考》书影

来，始终无法加以复原。《洪武京城图志》及陈沂《金陵

古今图考》，虽然绘有皇城紫禁城图及《国朝都城图》，然前

者对於二城的方位，四至，未能确定，对于二城的大小比例，

尤能表明；后者更不过是一个示意图，既未标明宫名殿名，

又未绘出道路桥梁。至于比流恶中，盛况何有明故宫图，

然亦名有缺支和错误。如问嘉靖《庙讖志》、清河《注和陈沂

图考》，其后果与《金陵古今图考》累同；清河《

所谓□□□□！竟错误百出：如内五龙桥应在午门内，外五

龙桥应在承天门之前，洪武南之内《按《洪武京城图志》

高踞图则绘于承天门外，外五京桥于洪武门外！

一南园 1962.9000. 30×25 +500

《南京明故宫制度与建筑考》书影

南京稀见文献丛刊

# 金陵明故宫图考

（民国）葛定华 撰

审校 王志高

南京出版传媒集团
南京出版社

# 目　录

# 序　言

　　昔微子过殷墟，见宫室无复遗存，而狐穴狸迹，禾黍油油，遂赋《麦秀》之歌。周大夫行役至于宗周，过故宗庙宫室，尽为禾黍，作《黍离》诗以舒怀。今日过金陵，游明故宫者，追思当年禁城之壮观，能无兴禾黍之感耶？自明初迄今，再经鼎革，阅六百年，遗文坠绪，变更而湮没者多矣。明代志金陵名胜者，有顾璘之《金陵名园记》，陈沂之《金陵古今图考》，顾起元之《建康宫阙都邑图》《客座赘语》，盛时泰之《金陵纪胜》，周晖之《金陵琐事》三篇，曹学佺之《名胜志》，其所记诚侈且备矣。然当明之盛世，有欲访求宫殿之制者，已感故老凋零，无所于质。后生小子，习闻俚谈，往往失实而不足据。况乎今日遗迹荡然者欤？若高岑《四十景图》[①]，余宾硕《金陵览古》，清朝书也，然于嘉道[②]尚远。王友亮《金陵杂咏》、陈文述《秣陵集》、周宝偰《金陵览胜考》[③]、金鳌《待征录》[④]、甘熙《白下琐言》、李鳌《金陵名胜诗钞》，虽皆以其时之人，语当时杖履之登涉，而所遗犹多也。若《洪武

---

① 《四十景图》：一般称《金陵四十景图》。
② 嘉道：即嘉庆、道光。
③ 《金陵览胜考》：一般称《金陵览胜诗考》。
④ 《待征录》：一般称《金陵待征录》。

京城图志》，以当时之官府，记宫殿之规橅<sup>①</sup>，宜最为可据矣；而其图工之拙，稽勾非易。爰集诸书所记，审辨考订，作《明故宫图考》，以备世人之追览焉。其目如次：

---

① 规橅：即"规模"。

## 第一节　故宫遗迹

明太祖以贫民举义于濠上，统一中原，奠都金陵，营宫殿、社稷于钟山之阳，历清代而毁。青溪之东，犹存遗迹，世所称明故宫是也。民国八年春，尝游金陵，访问故宫遗址，居民引指道路，极目遥瞻，信如于武陵所叹："莫问古宫名，古宫空古城。"（于武陵《长春宫诗》）自大中桥而东，北行里许，翘首东望，瓦砾遍地，处处蓬蒿，不觉"古城苍莽饶荆棘""驱马荒城愁杀人"之感，油然动于中也。而茅茨错落，居民每拔①除瓦石，以事耕植，禾黍离离，鲍溶所咏"坏宫②芳草满人家"，此景似之。清将军署，在东厂街之东，辛亥之役，已全毁，惟门阙及照墙尚存。其东午门，旁连宫墙。入午门而北，经五龙桥，有古物陈列所③，为革命后新建者。其时只周览古物陈列所古物而返，于故宫遗迹，未及考访也。

自国府奠都金陵，数载经营，景物焕新，大有"但见雄都新朝市，轩车照耀歌钟起"之概；谁复忆"古殿吴花草，深宫晋绮罗"者！今年春，来京师，于授课之余，率诸生作实地之研究，重访故宫遗迹，道经西华门，而中山东路，横越故宫旧址，东出朝阳④。昔年瓦砾累累者，今则辟为广场，或犁为田畴，又与数载前大异。盖近年城内居民骤增，地利多辟故也。旧存

① 拔：原文误为"拨"。
② 坏宫：原文误为"怀宫"。
③ 古物陈列所：即南京古物保存所，下同。
④ 朝阳：即朝阳门。

宫墙,已拆毁无遗,惟跂陟其间,故宫陈迹,犹有可考者。

　　自天津桥而东,为明时西华门大街,桥东二十余丈处,有城门三阙,俗称为西华门<sup>①</sup>旧址。门西向,城楼已毁,毗连之城垣,亦无遗存。自大街直东里许,又有城门一座,孤立西向,一如西华门,俗称为西长安门<sup>②</sup>。复东半里余,有石桥相并者五,俗称内五龙桥,桥跨御河。桥南三丈为午朝门,五门向南,其外有左右环伸之城,向南成"门"形,是即两观也。今门楼已废,门阙依然,而左右环伸之观,亦被拆毁,惟遗土石垒然,高丈许,石基尚无恙,量其基南北各长约六丈,北端接门楼,厚约三丈。自午门而南,有大道直达洪武门,道均为大石砌成,即旧所称御道也。午门南里许,又有五石桥并峙,如内五龙桥然,是为外五龙桥。其南二里,即为明时之正阳门。自午门至正阳门,御道两旁,尽为田舍,居民多以宫墙残砖,构为庐居。明代建筑,已荡然不可考见矣。自内五龙桥而东,半里余,复有一城门孤峙,与西长安门相对,即俗称东长安门<sup>③</sup>也。其门东距朝阳门约一里。自内五龙桥而北,为古物陈列所,革命后,因明宫遗址而建。所之北,为今中山东路。自所而北,黄土一片,其中央略高处,当为三殿之基。由南而北,有方石百十,序列地面,石广如方桌<sup>④</sup>,厚亦如之,多倾倚于土中。近有击碎以售者,并掘取其基之填石,基石深及丈,广亦及寻,盖为宫殿之正殿柱础也。据此,犹可考见宫殿层列之地

---

① 西华门:实为西安门,下同。
② 西长安门:实为西华门,下同。
③ 东长安门:实为东华门,下同。
④ 桌:原文为"卓"。

位,惟其阶石无有存者,盖为市民窃取以尽也。南京旧图载宫之北,为后宰门,更北为北安门①,均无遗存,但见其地瓦砾遍地耳。故宫墙南自午门,东、西自东、西长安门,北至后宰门,成方形,东西长一里半,南北稍长。民国初年,尚有残存之砖墙,今已拆②尽,惟土阜绵亘,犹可识之。观其城阙及残存土阜,其墙当甚坚厚,即所谓紫禁城也。墙内明时称大内,其西北隅有土阜,大数亩,相传为妆台旧址,今有民家三五,结茅其上。旧时土阜之太湖石,亦尽为人取去。玉河一称御河,绕于宫墙之外,为紫禁城之护城河,发源于半山寺后之前湖。前湖水经外城墙入城,每至春夏两季,流如潮涌,澎湃之声,闻达数里。流经半山亭下,至紫禁城东墙入御城河,南流经东长安门前,分为二:一南行经九板桥而西;一北行折入宫墙,西经内五龙桥,至西长安门,折而北,经妆台西北,出宫墙,与墙外之护城河相接,循护城河而南,经西长安门前,复南约一里半,经小五马桥,与东来之河合。其东来之水,源于外城墙之铜心管桥,桥西数十丈处,为青龙桥,更西即与玉河南行之水,合而西流,即为外五龙桥。更西半里余,为白虎桥,桥西与西长安门南来之流相接。更西,经五马桥,入青溪正流(本节所称长安、西华、后宰诸门之名,均依俗称,非明时本名也)。

① 北安门:原文误为"北仪门"。
② 拆:原文误为"折"。

## 第二节　故宫① 兴废

金陵之区,古称重镇,帝王之州,八姓所都。吴时曰建康②（建安十六年,孙权自吴徙居秣陵,改名建康③),东晋仍之。宋齐梁陈,相继建都。五代时,吴( 杨溥 )唐( 徐知诰 )相袭。明初建都曰京师。《明地志》④载洪武元年八月,建都曰南京。十一年曰京师,永乐元年仍曰南京。《方舆纪要》载明初定鼎于金陵,遂为都会。正统六年,始为陪都。

明刘辰明著《国初事迹》,谓:"太祖克建康,都之。尝以六朝折数不久,深意迁都。后得汴梁,亲往视之,曰:四面受敌之地。亦有建言迁长安者,太祖曰:漕运艰难,且已之。"

谷应泰《明史纪事本末》卷二,谓:"元至正二十六年八月,庚申,拓建康城。初建康城西北控大江,东尽白下门外,距钟山既阔远,而旧内在城,因元南台为宫,稍隘,太祖乃命刘基卜地,定作新宫于钟山之阳,在旧城东白下门之外二里增筑新城,东北尽钟山之趾,延亘周围,凡十余里,尽据山川之胜焉。"

《肇城志》载:"洪武丙午八月,拓金陵城,命刘基卜新宫于钟山之阳,在旧城东白下外门⑤二里许增筑新城,东北尽山,延亘五十余里,据山川之胜。"

《江宁府志·建置》载:"江宁府城,明太祖洪武二年九月

---

① 故宫:原文为"宫故"。
②③　建康:实为"建业"。
④ 《明地志》:疑为《明史·地理志》。
⑤ 白下外门:原文如此,应为"白下门外"。

始建,六年八月成。……明建都城,……自旧东门处,截濠为城,开拓八里,增建南门二,曰通济,曰正阳。城址极东北转,建东门一,曰朝阳。城址极北,西转,自钟山之麓,据冈建北门一,曰太平。……而建宫城于其东隅,其宫端门,南当正阳门,北门当钟山,谓之内城。"

又《江宁府志·纪年事表》则谓:"二十六年(元顺帝至正),明改筑应天城,作新宫钟山之阳,置江南行中书省,治应天府。"又谓:"元至正二十七年,明太祖改为吴元年,建庙社宫室,以至正二十八年为洪武元年,以应天为南京,初建国号曰明。十一年,改南京为京师。"

《明史·地理志①》"应天府"注云:"洪武二年九月,始建新城,六年八月成,内为宫城,亦曰紫禁城,……皇城之外曰京城。"

《明史纪事本末》载:"至正二十六年十二月,太祖以国之所重,莫先宗庙郊社,遂定议:以明年为吴元年,命有司建圜丘于钟山之阳,以冬至祀昊天上帝;建方丘于钟山之阴,以夏至祀皇土地祇②。及建庙社,立宫室。己巳③,典营缮者以宫室图进。"又载:"吴元年九月,癸卯,新内三殿成。"《明史·太祖本纪》载:"明太祖吴元年八月,圜丘成。"又《明史·舆服志四》载:宫室之制,"吴元年,作新内"。

按上引诸说,当以京城之改建,始于洪武二年,至六年

---

① 地理志:原文为"地志",下同。
② 地祇:原文误为"地祀"。
③ 己巳:原文误为"己己",下同。

成。而紫禁城及宫室社坛之建,当在京城建拓之先,为元至正二十六年,即吴元年之前一年。至吴元年秋,宫室社庙,相继成。惟京城之规划,则当与宫室之建为同时。

太祖于吴元年十二月迁入新宫。《明史纪事本末》称:"十二月癸丑,中书省左相国李善长,率文武群臣劝进。太祖辞。固请,不许。明日复请,许之。辛酉,善长率群臣以即位礼仪进。甲子,太祖御新宫,以群臣推戴之意,祭告上帝神祇①。"明年元旦,太祖即皇帝位,改国号曰大明,建元洪武。《纪事本末》②谓:"太祖洪武元年春正月壬申朔四日乙亥,上祀天地于南郊,即皇帝位,定有天下之号曰大明,建元洪武,遂诣太庙,追尊四代祖考。丁丑,大宴群臣于奉天殿。"

成祖陷金陵,后宫一部被焚。《明史纪事本末》载:"建文四年六月乙丑,燕王率兵入金川门,朝廷文武俱降,来迎。帝左右惟数人,遂尽闭诸后妃宫内,纵火焚之,挈三子变服出走。"据《明史稿》言:"宫中火起,帝及皇后马氏崩。"此据《成祖实录》所记也。后修之《明史》亦云:"宫中火起,帝不知所终。"《明通鉴纲目》云:"都城陷,宫中火起,帝不知所终。"夏燮《明通鉴》因诸家说,谓:"上知事不可为,纵火焚宫,马后死之。……王(燕王)即入,遣中使出马后尸于火。"是皆可证建文逊国时,宫内被焚,惟成祖即位后,正史均未载修缮宫室事,是殆宫中被火之处,甚少欤? 抑讳言之也? 又据《明史》载,建文四年六月己巳,燕王升辇,诣奉天殿,受朝贺,即皇帝

---

① 祇:原文误为"祗"。
② 《纪事本末》:即《明史纪事本末》。

位。己巳距建文焚宫之日(即乙丑日),仅四日,是外殿当无毁坏,内宫或有被焚耳。

成祖发迹于燕,欲迁都北平,而以祖法未可遽违,故先建行都。永乐元年正月,诏以北平为北京,《通鉴》载:"初上以北平为北京,尚书李至刚以为兴王之地,宜为首善之区。上是其言,与近侍大臣密计数月,先以为行在。闰七月壬戌①,始下诏以明年五月,建北京宫殿,分遣大臣宋礼等,采木于四川、湖广、江西、浙江、山西等处,命泰宁侯陈珪董治其事。"又其时塞北之患未绝,重兵屯驻北方,北都便于统制边塞各军。永乐六年八月②丙子朔,以明年春巡幸北京。丙戌,诏曰:"成周营洛,肇启二都,有虞勤民,尤重巡省,朕君临天下,统御之初,已升北平为北京,今国家无事,省方维时,将以明年二月,巡幸北京,命皇太子监国。……凡有重事及四夷来朝与进表者,俱达行在所,小事达京师,启皇太子奏闻。"明年二月壬午,车驾发京师,皇太子监国,命吏部尚书蹇义、兵部尚书金忠、右春③坊大学士黄淮、左谕德杨士奇留辅太子;户部尚书夏原吉、右谕德金幼孜、翰林学士胡广、右庶子杨荣扈从。八年冬十一月甲戌,车驾还京师。十一年春,车驾复幸北京,以皇太子监国。十四年十一月,上自北京还,迁都意决,集文武群臣议,遂决。十五年三月,上复幸北京。十八年九月,定都北京,钦天监奏明年正旦吉,宜御新殿,遂遣户部尚书夏原

----

① 戌:原文地支"戌"均误作"戍"。
② 八月:原文遗漏"月"字。
③ 春:原文误作"春"字。

吉赍敕召皇太子,寻敕太孙从行,期十二月终至京师,诏自明年正月改京师为南京,北京为京师,设六部,去行在之称。并取南京各印信,给京师诸衙门,别铸南京诸衙门印信,皆加"南京"二字。十月,皇太子发南京。十一月,以迁都北京,诏天下。十二月,北京郊庙宫殿成。十九年春正月甲子朔,上恭诣太庙奉安五庙神主,命皇太子诣郊坛,奉安天地神主,皇太孙诣社稷坛,奉安社稷神主,黔国公沐晟诣山川坛,奉安山川诸神主。上御奉天殿,受朝贺,大宴群臣。《江宁府志》卷五"纪年事表"载:"成祖既克京师,明年,分命诸将守城,还驻龙江。四年,狩北京,以皇太子监国,大小庶务,悉以委之,府部大小诸臣、六军安堵如故。"所称北狩之年,有误。"纪年事表"又云:"十七年,皇太子归青宫,以皇太孙留守南京,六部政悉移而北。"皇太孙留守南京之说,与《明史》及《纪事本末》等书所记不同,盖亦误也。

《明史》称仁宗洪熙元年,始设南京守备,命皇太子谒孝陵,遂命居守南京。仁宗崩,皇太子自南都即位,是为宣宗,始诏太监郑和等称内守备,驸马都尉沐琮、襄城伯李隆等称外守备。自后天子鲜临南都,只武宗正德十四年,自击宸濠幸南京,翌年北行。

自永乐后,南京为陪都,户口大减。顾起元《客座赘语》记迁都后之户口,谓:"总计上元、江宁二县人户丁口,视国初(即洪武时)十不逮一,所以者何? ……永乐北迁,大半随行。"又于"坊厢始末篇"中,谓成祖北迁,取民匠户二万七千以行,减户口过半。逮明之中叶,南京虽为陪都,而长安之风犹存。《客座赘语》卷一"风俗篇"谓："南都一城之内，民生其间，风尚顿异，自大中桥而东，历正阳、朝阳二门，迤北至太平门，复折而南，至玄津、百川二桥，大内百司庶府之所蟠亘也，其人文客丰而啬，达官健吏，日夜驰骛于其间，广奢其气，故其小人多尴尬而傲僻。……世胄<sup>①</sup>官族<sup>②</sup>之所都居也，……游士豪客，竞千金裘马之风，……是武弁中涓之所群萃，太学生徒之所州处也。"达官健吏之驰逐，世胄<sup>③</sup>官族之豪靡，武弁中涓之群萃<sup>④</sup>，犹是京华风气也。

又以孝陵在南都，享祀不能废，百官陪祭之仪，亦不可阙，故南都备置百官。顾氏记"陵祭"<sup>⑤</sup>谓："正旦祭孝陵，行香果酒；清明日祭，忌辰行香；中元日祭，万寿圣节日行香；十月初一日行香，冬至日祭。凡三大祭，用祝版。以上祭祀，俱百官陪祭，遣守备武臣行礼，今例遣司香勋臣行礼。"

惟当时南都备六卿百官，而无所职司，颇有议废之者。《客座赘语》卷二"两都篇"谓："户部郎龙溪谢彬，志其部事，论曰：商迁五都，不别置员。周营雒邑，惟命保厘。汉唐旧邦，止设京尹。宋于西京，仅命留守。保厘、京兆，即今府尹是已。未闻两都并建六卿，如今日也。说者以为京师者，大众之谓，物无两大，推以一尊，故谓南吏部不与铨选，礼部不知贡举，户部无敛散之实，兵部无调遣之行，视古若为冗员。呜呼！

---

① 胄：原文误为"胃"。
② 官族：《客座赘语》原文为"宦族"。
③ 胄：原文遗漏"胄"字。
④ 萃：原文遗漏"萃"字。
⑤ "陵祭"：指顾起元《客座赘语》卷三"陵祭篇"。

是岂知国家之深计长虑哉！夫宫阙陵寝所在，六军城守之事，府库图籍之所储侍，东南财赋之所辐辏，虽设<sup>①</sup>六卿以分理之，犹惧不给也，可以为冗员而轻议之。善乎，丘文庄公有言：天下财赋，出于东南，而金陵为其会；戎马盛于西北，而金台为其枢。并建两京，所以宅中图治，足食足兵，据形势之要，而为四方之极者也。鸣呼，得之矣。考永乐十九年始称南京，洪熙<sup>②</sup>元年去之，正统六年复称南京，一时印信，皆新铸给。然龟鼎虽奠于北，神居终表于南，且水殿之舟楫犹供，陪京之省寺不改，所以维万世之安，意固远也。”

明之中叶，南京宫殿尝遭火灾，《明史·五行志》载："正统十四年六月丙辰夜，南京谨身、奉天、华盖三殿灾。"又："正德十三年六月甲子，南京太庙火，毁前后殿、东西庑、神厨库。"

《明史》载崇祯十七年三月，流寇陷北京。五月，清军入北京，是为清世祖顺治元年。四月，报至南都，马士英、阮大铖<sup>③</sup>等，议立福王由崧于南京，祭告于奉先殿。乙酉，迎王于江浦。丁亥，百官迎见于龙江关。五月朔，王谒孝陵<sup>④</sup>、奉先殿，出居内守备府。壬寅，称帝于南京，以明年为弘光元年<sup>⑤</sup>。八月，帝以行宫湫隘，谕工部亟修兴宁宫、慈禧殿，克期告成，以居皇太后。时土木并兴，赐予无节，御用监内官请给工料银，

---

① 设：原文遗漏"设"字。
② 洪熙：原文遗漏"熙"字。
③ 阮大铖：原文误为"阮大钺"。
④ 孝陵：原文遗漏"陵"字。
⑤ 弘光元年：原文误为"宏元光年"。在原文中，"弘光"均作"宏光"。

置龙凤几<sup>①</sup>榻诸器物,及宫殿陈设金玉诸宝,计赀数十万。工部侍郎<sup>②</sup>高倬奏请裁省,不报。弘光元年春正月庚寅,南京宫殿成。五月丙戌(初五日),清兵抵大江北岸,己丑(初八日),渡江,破明军于京口,败军奔还南京。辛卯(初十日),弘光帝酣宴至夜半,自通济门出奔太平。乙未(十四日),清兵进驻郊坛门。丙申,豫亲王多铎入南京,遂定江南。甘石安《白下琐言》载,清兵初入南京,大肆劫掠,后豫亲王入城,斩数人,始定,而明宫殿宇,盖毁于此时。诸史多未详,讳之也。

《江宁府志·纪年事表》载:"顺治二年,豫王下江南,明忻城伯赵之龙,及军民人等投诚执福王,江南平,改南京为江南省。"

清初既废南都,宫室社庙亦毁,乃于其地建驻防城,将军驻之。《江宁府志》谓顺治六年,建驻防城。十七年,重建驻防城,起太平门东,至通济门东止。又谓清驻防城,略因明旧内城,其西一面,系顺治十七年重建,起太平门东,至通济门东止,长九百三十丈,连女墙高二丈五尺五寸。明旧内城,即故宫皇城也。

《江宁府志》卷七"城垣篇"谓:"驻防城,明故宫也,起太平门东,包于朝阳门南,至正阳门、通济门,省垣也。其西面西华门一带,咸丰间毁于贼<sup>③</sup>。其地即明之北安、西华、西长安诸门也。"又同书卷八"古迹篇",明旧紫禁城,即今驻防城,其西

---

① 几:原文误为"儿"。
② 侍郎:原文误为"待郎"。
③ 贼:与后文的"粤寇"均是旧志对太平天国义军的蔑称。

华门迄通济门,为清朝改筑。

明宫室既为清兵所毁,遂无复修葺。至康熙时,已颓垣断壁,荆榛满目。康熙二十三年,圣祖南巡,十一月壬戌,至江宁,登雨花台。癸亥,谒明太祖陵,亲为拜奠。过明故宫,慨然久之,为赋《金陵旧紫禁城怀古》云:"秣陵旧是图王地,此日鸾旗列队过。一代规模成往迹,千秋兴废逐流波。宫墙断缺迷青锁,野水湾环剩玉河。治理艰勤重殷鉴,斜阳衰草系情多!"又《再过明故宫》诗云:"楼台金粉已沉销,不独诗人说六朝。月落宫寒春寂寂,经过惟叹草萧萧!"废宫残阳,令人感慨无限。康熙是时,只距弘光之亡四十载,而一代规模,只剩衰草萧萧,破坏之速如是!

清圣祖更撰《过金陵论》曰:"……明有天下,建都于此,窥明太祖之意,以为宅中图大,控制四方,千百世无有替也。岁在甲子(按为康熙二十三年),冬十一月,朕省方南来,驻跸江宁,将登钟山,酹酒于明太祖之陵,道出故宫,荆榛满目,昔者凤阙之巍峨,今则颓垣断壁矣;昔者玉河之湾环,今则荒沟废岸矣。路旁老民,踉而进曰:若为建极殿(注:建极殿即奉天殿,详第四节),若为乾清宫,阶碛陛级,犹得想见其华构焉。夫明太祖以布衣起淮泗之间,经营大业,应天顺人,奄有区夏。顷过其城市,闾阎巷陌,未改旧观,而宫阙无一存者,睹此兴怀,能不有吴宫花草、晋代衣冠之叹耶!……明自靖难之后,尝以燕京为行在,宣德末年,遂徙而都之。其时金陵台殿苑囿之观,声明文物之盛,南北并峙,远胜六朝……"

清高宗南巡,亦有《过明故宫》诗以吊之曰:"六朝崇构早摧残,基剩明宫烟草寒。木凤已闻翔北阙(明至今四百余年,且在明则犹南京也,不宜荒废至此。传闻成祖建北京时,移宫殿钜材北上,以备营建,故柱础甃石无恙,惟木则无存,此或信然,盖别有深意云。——按此为高宗原注),石鲸无恙枕春澜。胡宽巧思真重睹(宫殿规制,无不与北京同,盖北京本取式于此,犹新丰之不改市肆也),邹缉忠言信不刊(谏成祖迁都者)。周监在殷殷监夏,凛然动念惨然看!"

按成祖北迁时,并未将宫殿钜材大木移去,盖移木则宫殿必圮也。自成祖迄明末,南都宫殿未废,福王且更加修葺增建。《明史》所记,历历可考。高宗不言清兵陷南京时焚毁者,讳之也。正史亦不言者,以多纂编于清代,亦讳之也。荒废至此,康熙初已然,圣祖诗文,已详言之,不待数十年后之乾隆朝也。证之清末驻防城毁废之速,则明故宫毁废之速,固无足怪者。

咸丰时,太平军陷南京,驻防城多被焚毁。《续纂江宁府志》卷三"军制篇"谓:"江宁驻防旗营,在城东北隅,明内城地,以旧宫墙为界。咸丰癸丑之变,将军祥忠勇率都统以下,自大城退守内城,振臂一呼,裹创复战。……其溃围而出者,才八百余人耳。"又卷七"城垣篇"谓:驻防城西面西华门一带,咸丰间毁于①贼。又"建置篇"谓:"粤寇发难,盗江宁窟穴,凡祠庙衙署、堤堰桥梁之属,举毁夷之,无留遗。曾文正复南京,兴废升坠,赓续修缮。"其后驻②防城内修缮署廨兵舍甚

---

① 于:原文误为"子"。
② 驻:原文遗漏"驻"字。

多,《府志 ①》"署廨篇"谓:同治间,在驻防城内,重建将军署、副都统署,及旗营、官署、兵房。自同治六年,至光绪五年,凡添建兵衙署六千零八十四间。而清亡后不数年,其地亦只剩瓦砾一片,甚矣! 沧桑物化之速也!

## 第三节　故宫地址

明故宫地,为古建康城之东郊,自孙吴之建业 ②,迄元之应天府 ③,其都城均在秦淮之北、青溪之西。明代始辟东郊为宫城,青溪流贯其间。青溪者,孙吴赤乌四年,凿东渠,名青溪,自城北堑以泄玄武湖水,九曲西南入秦淮者也。于城东二里许,青溪复与燕雀湖相接,湖水源于钟山之阳。《建康实录》载:"吴大帝赤乌四年,诏凿东渠,名青溪,通城北堑潮沟。"《舆地志》谓:"青溪发源钟山,入于淮,连绵十余里。"《景定建康志》则谓钟山水源,至宋时已绝。按之陈沂《金陵古今图考》"宋建康图",青溪北通玄武湖水,南流入秦淮,其东与燕雀湖相接之流淤塞,雀湖 ④ 之水,径由东南入淮,是即青溪之钟山水源绝也。唐末,吴杨行密子溥时,改筑都城,凿濠,青溪九曲,至是为筑城绝其流。明时,竹桥下水,西入旧城濠者,乃自潮沟从西南流之故道,自明旧内( 在内桥东南元御史南台故址 )旁 ⑤,南流经淮清桥,合秦淮者,则城内所存之一曲也。清

---

① 府志:指《续纂江宁府志》。
② 建业:原文为"建邺"。
③ 应天府:原文如此,应为"集庆路"。
④ 雀湖:指燕雀湖,下同。
⑤ 旁:原文为"傍"。

《江宁府志》载："竹桥在驻防城西北,其水由驻防城内东华门流至后宰门而绝,又自后宰门穿城而出,合于竹桥之濠水。"是盖明初建都时所浚,为宫内御沟。又谓自杨(溥)吴城金陵,其水遂分为二,其一自驻防城内穿城而西出,北转至竹桥,合于杨吴城濠之水。

青溪与玄武湖相接处,据《金陵古今图考》所记,于明前均作覆舟山东、龙广山(今名富贵山)西。明时改建城垣,于覆舟[1]、龙广间建太平门,断玄武[2]与青溪之流,遂改于覆舟之西相接,建水闸于城垣。今考试院东北,有流南接珍珠桥,入青溪旧濠。又今日故宫西北,犹有小溪通太平门下,盖为湖水注入青溪之故道。野史载建文帝出亡,自宫乘小舟至太平门,当是道径此流。如事非虚构,则明初溪流犹可通舟楫也,今就淤矣。汪氏[3]《续纂江宁府志》谓:半山寺,青溪所发源也,此当非指太平门之青溪故道。按故青溪有二源:一玄武湖出太平门处,一燕雀[4],而燕雀源出钟山南麓,今前湖之水,由半山寺旁入城,至御河,志谓发源地,盖指此也。今御河之水,仍经白虎桥而西,入青溪正流。

故宫之西,土色灰黑,惟故宫旧址之处为黄色,盖其地原[5]为湖泽,明初建都,取钟山之土填筑之。近有取旧石础之石者,掘深丈许,其最下层之土,又为灰黑色,多蛤壳,是盖

---

[1] 覆舟:指覆舟山。
[2] 玄武:指玄武湖。
[3] 汪氏:指纂者汪士铎。
[4] 燕雀:指燕雀湖,下同。
[5] 原:原文误为"源"。

旧湖之底也。甘石安《白下琐言》卷四载:"金陵城东北,旧有燕雀湖,一名前湖,明初,填为大内。"又清梅伯言致陆制军书云:"江宁省城,有前湖、后湖,明初建都,前湖始填,惟后湖仅存。"是以前湖与燕雀湖为一也。近时《南京舆图》有后湖,在孤栖埂西,中湖甚小,在孤栖埂东,而无前湖。乃今城外于半山亭下,有湖甚大,金陵人士呼为前湖。湖南,以城郭为堤,其东北,则为钟山之西南麓。冬季,湖之面积犹甚广(去年冬季少雨,据金陵人言,为鲜遇之旱季,而湖之面积,犹有数百亩),闻夏秋雨季,湖之面积更广,而水流入城,响如洪涛。湖水穿城而入,筑有水闸,是此湖当久已存在者。而前湖距故宫北阙有里许,则明初所填者,当非此之前湖。

惟今之前湖,或为明初筑城后,始积水而成者。考前湖与玄武[①],相距甚远,且其间为钟山、富贵山所隔,富贵山脉由钟山西南延伸而至,今前湖西北之高岗,即为两山相连处。是古之玄武[②],决非与今之前湖相连,亦即古玄武湖水,决不能延至前湖处也。又考东晋以来,诸史及南都各记,均无前湖之说,是前湖之处,当原为平陆也。又玄武之名,始于孙吴赤乌十年,建太初宫,作八门,后一门曰玄武门(传说宋元嘉中,黑龙见于湖,故又曰元武湖[③]。又按阴阳家以南方为朱雀,北方为玄武,为水,为龟蛇,此为当时命名之原义,宫南有朱雀航、朱雀门,以与玄武相对。二说,当以阴阳家说为是。其年号曰赤乌,亦本阴阳之说也)。北望大湖,因名玄武湖。至于有明,

---

① ② 玄武:指玄武湖。
③ 元武湖:原文如此,即玄武湖。

此名未易。而清之中叶,梅、甘诸人,称后湖者,当非古名。又考《金陵古今图考》,玄武湖于明后始亦名后湖,是后湖之名,当始于明(《图考》[1]作于明正德年间),而后之对称,则必为前湖也。则前湖之名,当始于明代。又按前湖之名,既未见于明代之前各史籍杂记,考之《古今图考》,其处亦无湖泽,只其南有燕雀湖,即故宫所建处也。燕雀湖为容纳钟山东南部之水宅,自赵宋以后,湖水与青溪断,而南流入淮。明既填燕雀,钟山水流无所容,复建长郭以阻之,遂于城外注溢为湖,即今之前湖也。湖底甚高,亦可见其原为平陆。是以今之前湖,非燕雀湖,燕雀湖亦向无前湖之称。谓明宫所填为前湖者,误也。或以为古者作图之术未精,燕雀或与今之前湖连为一湖。惟考半山寺,在今前湖与故宫之中间,半山苑著于晋,历赵宋不废(自谢安石迄王介甫皆据其处,为东郊之苑),是燕雀与前湖,自非连为一湖者。则前湖非燕雀亦可以证信。

燕雀湖之名,据《古今图考》所记,始源甚早,孙吴时已有《穷神秘苑》载:"梁昭明太子在东宫,有一琉璃盌、紫玉杯,皆武帝所赐也,既薨,诏置梓宫。后更葬,开坟,为阉人携入大航,乃有燕雀数万击之,因为有司所缚,乃携二宝器。帝闻而惊异,诏以赐太孙。封坟之际,复有燕雀数万,衔土以增其上。坟侧今有后湖,人因名燕雀。"按史志均载昭明墓在鸡笼山北麓[2],鸡笼山即明之钦天山,今北极阁处,距玄武近,而

---

① 《图考》:与下文《古今图考》均指《金陵古今图考》。
② 昭明墓在鸡笼山北麓:此误,没有史志记载昭明太子墓在鸡笼山北麓。

距燕雀远①。是《穷神秘苑》所记,不可为据。《建康志》②引《舆地志》云:"走马桥见有燕雀湖。"姚氏《江宁府志》③则谓:"燕雀湖旧在上元,今驻防城值其地,明太祖填为大内。"金陵东部为上元,西部为江宁,《姚志》所记是也。

至于近代著述地志及地图,不载前湖者,盖或以作者因循旧著,未实地考访故欤?

《明史》及《明史纪事本末》诸书,均谓明太祖卜建宫室于钟山之阳,填筑燕雀湖为大内。甘氏《白下琐言》因谓:"相者有言,杭之西湖,王气所钟,可填为宫殿。太祖筑大内于雀湖,亦将为长治久安之计。"野史多言刘诚意善望气,故有此说。惟考太祖筑宫之意,因旧宫(元御史台省)太隘(见《明史》及《明史纪事本末》诸书),命刘基卜建新宫,新宫地址,自当择其宽广者。而吴晋六朝之金陵旧宫,久废,且改为民舍,太祖方欲收拾人心,自不能坏民居以成宫室。惟燕雀湖当钟山之阳,为一广大平原,秦淮流其前,背山面水,形势天然,所谓尽山川之胜也。其地在城外,民居稀少,故择而建宫殿。观明代宗庙、社稷、宫殿、衙署,占地之广(南北自后湖迄秦淮河,东西自朝阳门迄青溪),规模之大,数倍于六朝,非数倍于六朝旧宫之地,不能容之,自以雀湖为宜,未可因卜而遽以堪舆为解也。

故宫北部为半山寺,姚纂《江宁府志》载:"半山报宁禅

---

① 距玄武近,而距燕雀远:玄武、燕雀分别指玄武湖、燕雀湖。
② 《建康志》:指《景定建康志》。
③ 姚氏《江宁府志》:与后文"姚纂""姚志"均指姚鼐《嘉庆新刊江宁府志》。

寺,宋时在城东七里,距钟山亦七里,此为半道,故名。王安石舍宅,赐额报宁禅寺,曰半山寺,从其实也。明时,皆入禁中。"荆公有《谢赐寺额表》。苏东坡诗云:"朱门收画戟,绀宇出青莲。"指此也。考今之半山寺遗迹,在故宫东北角,其东石山上建方亭,曰半山亭。山倚城墙,前湖水流,经山侧而南,以入故宫。寺南有石础等旧物,当为旧寺废圮者。寺前有道,西行直达故宫之后宰门,则其地当未入禁中。惟寺原为名苑,其面积当甚广,或苑之一部划入禁中也。又或以寺至南宋后多废毁,明时建宫当已不易指认其处,故姚志有是云。今南京地图,于半山寺前,记半山园,当为追记晋宋谢王[①]之苑,故无四界。而《古今图考》记半山寺于皇城东墙外,稍偏北之外城墙下。此书作于明中叶,记半山寺不在禁城内,当为可信。又依东华门之城基,直北,半山寺约当宫墙外之东北角,则府志所云半山寺,皆入禁中之说,难以征信也。甘氏《白下琐言》则谓:"半山寺在北安门内东北隅。"则又以半山寺在禁城外,而在皇城之内也。

　　故宫东部,旧为博望苑,南朝齐文惠太子所立,在台城东、钟山下。沈约《郊居赋》有云:"睇东巘以流目,心凄怆[②]而不怡。昔储皇之旧苑,实博望之余基。"庾[③]信《哀江南赋》亦云:"西瞻博望,北临元圃[④]。"按汉时有博望苑,昆仑之山有元圃,盖旧有此名,文惠借以名其圃耳。《江宁府志》疑博望苑即

① 晋宋谢王:指东晋谢安、北宋王安石。
② 凄怆:原文为"凄惨"。
③ 庾:原文误为"庾"。
④ 元圃:应为"玄圃"。

东田馆，《南史·齐郁林王纪》：文惠太子立楼馆于钟山之下，号曰"东田"，时以"东田"反语"颠童"，后苍梧、郁林，果相继败，明帝立斥卖之。谢朓[①]诗云："鱼戏新荷动，鸟散余花落。"《古今图考》"南朝都建康图"记博望苑于燕雀湖北、沈约郊园之南，自隋以后即废。于"明都金陵图"则记苑于皇城东部、雀湖之北。

皇城西部，昔为金华宫旧址，始建于南朝，至隋而废。据《古今图考》所记，其地在妆台旧址之西。皇城西北，抵竹桥之侧，当为金华宫旧址。

皇城西南部，旧有永安宫，建于南朝时，《古今图考》记长安街西口，为宋永安宫。

御河环故宫，为明初建都时所凿。《江宁府志》载："明御河在上元驻防城内，明初开，东出青龙桥，西出白虎桥，至百川桥入城濠。"据《古今图考》"明朝都城图"，青龙、白虎二桥，均在宫墙外，青龙桥至皇城东北角，白虎桥在西长安门西，外五龙桥并跨流上，桥北岸，即为皇城南郭承天门旧址。自填筑雀湖后，更于紫禁城墙外筑濠，环城，成四方形。今故宫中，犹存御濠遗迹，一部已湮没矣。民国初年《南京城市地图》，于故宫东北角，未载御沟，而将半山寺水流南向，接东华门。惟观察半山寺，直西至后宰门，尚有水沟遗迹，连接半山寺水源，当为旧御沟处[②]。

---

① 谢眺：应为"谢朓"。
② 旧御沟处：原文误为"御旧沟处"。

## 第四节　故宫建置

明故宫废于清初,康熙时,父老犹能指认某处为某殿,某处为某门。终清之世,虽临吊者众,而详记故宫遗迹者寡。至近年,断阶残瓦,亦复无存,考证益为难矣。前人之记故宫者,如甘石安之《白下琐言》卷二载:"明故宫为今驻防城,昔之五凤楼,文华、武英殿基,不过指识其处而已。惟紫禁城内正殿旧址,阶级犹存。右偏有高阜,呼为肐膝山,乃叠石而成,玲珑可爱,指为梳妆台遗址。午门外,左有土阜,坦平如砥,长可数十丈,两旁亦然,阶石柱础,错落其间。其右<sup>①</sup>有石坊,四面屹立,乃庙社之遗迹也。"

《江宁府志》载:"明故宫,在今驻防城内,即旧紫禁城,由西华门出东华门,两门之中,有高墙,依墙有废址,为文华、武英等殿。基面十余丈,为五凤楼,左右皆城,连东、西二华门,即紫禁城门(今之西华,疑系顺治十七年所重造者,延旧西华门名称之,非明宫城之旧西华门也)。楼城外为六部堂,今废。直南行,三门与楼相对,为午门,出门有小河,为金水河,跨河石桥五,中稍阔,再南为正阳门(一曰洪武门)。"

洪武时,礼部奉敕所撰之《洪武京城图志》,其序有云:"若乃紫微临,金阙煌煌;黄道分,玉街坦坦。城郭延袤,市衢有条。六卿居左,经纬以文;五府处西,镇静以武。如十庙以祀忠烈,十楼以待嘉宾,此皇上之所以经制也。"其载宫阙,于殿则有奉天殿、华盖殿、谨身殿、奉先殿、武英殿、文华殿、乾

---

① 右:原文误为"石"。

清宫、坤宁宫、柔仪殿、春和殿、文楼、武楼、文渊阁、东角门楼、西角门楼,于门则有奉天门、东角门、西角门、中左门、中右门、后左门、后右门、左顺门、右顺门、武英门、文华门、春和门、午门、左掖门、右掖门、左阙门、右阙门、社街门、庙街门、端门、承天门、庙左门、社右门、长安左门、长安右门、洪武门、东华门、东上南门、东上北门、东安门、西华门、西北门、西上南门、西上北门、西安门、玄武门、北上东门、北上西门、北安门、亲蚕之门(《古今图考》于长安左右门,称东西长安门)。

据《洪武京城图志》,皇宫宫墙,有内外二层,外层曰皇城,内层曰紫禁城,大内所在也。皇城垣不若紫禁城垣之坚厚,南方凸出,其南门曰洪武。由洪武门循御道而北,其东为东长安门,西为西长安门。其东门曰东安门,东安门之西与东华门之间,有东上南门、东上北门。其西门曰西安门,西安门与西华门间,有西北门、西上南门、西上北门。其北门曰北安门,北安与玄武二门之间,东为北上东门,西为北上西门。紫禁城垣,为方形,其南凹入,正中为午门,午门之南,为端门,端门之南为承天门,承天门外为外五龙桥,更南为洪武门。午门至北,内五龙桥,其西为西华门,外通西安门,其东为东华门,外通东安门,其北为玄武门,外通北安门。午门之北,为奉天殿、华盖殿、谨身殿、奉先殿。奉天殿之东,为文华殿,西为武英殿。奉先殿西为乾清宫,再北为坤宁宫。奉天殿前之门曰奉天门,东角门楼之门曰东角门,西角门楼之门曰西角门,文华殿前之门曰文华门,文华殿后为文渊阁,武英殿前之门曰武英门。

《明史·舆服志四》"宫室之制"谓:"吴元年,作新内,正殿曰奉天殿,后曰华盖殿,又后曰谨身殿,皆翼之廊庑。奉天殿之前曰奉天门,殿左曰文楼,右曰武楼。谨身殿之后为宫,前曰乾清,后曰坤宁,六宫以次列。宫殿之外,周以皇城。城之门,南曰午门,东曰东华,西曰西华,北曰元武[1]。洪武八年,改建大内宫殿,十年告成,阙门曰午门,翼以两观,中三门,东、西为左、右掖门。午门内曰奉天门,门内奉天殿,尝御以受朝贺者也。门左右为东西角门。奉天殿左、右门,左曰中左,右曰中右。两庑之间,左曰文楼,右曰武楼。奉天殿之后曰华盖殿,华盖殿之后曰谨身殿,殿后则乾清宫之正门也。奉天门外两庑间,有门,左曰左顺,右曰右顺。左顺门外有殿曰文华,为东宫视事之所;右顺门外有殿,曰武英,为皇帝斋戒时所居。制度如旧,规模益宏。二十五年,改建大内金水桥,又建端门、承天门楼,各五间,及长安东西二门。"

有以东西华、玄武为皇城门,东西北安为紫禁城门者。《明史·地理志》"应天府下"注云:"洪武二年九月,始建新城,六年八月成。内为宫城,亦曰紫禁城,门六,正南曰午门,左曰左掖,右曰右掖,东曰东安,西曰西安,北曰北安。宫城之外门六,正南曰洪武,东曰长安左,西曰长安右,东之北曰东华,西之北曰西华,北曰玄武。皇城之外曰京城。"

余鸿客[2]《金陵览古》谓:"明太祖……曾筑新城,其南与正阳门对曰洪武门,内承天门,内端门,左东长安门,右西长

---

[1] 元武:应为"玄武"。
[2] 余鸿客:即余宾硕,字鸿客。

安门。承天门之东近北曰东华门,内东上南、东上北门,西近北曰西华门,内西上南、西上北门。子城即紫禁城,其中曰午门,左左掖,右右掖门。东东安,西西安,北北安。午门内奉天门,左小门东角,右小门西角。东角南左顺,殿曰文华;西角南右顺,殿曰武英。奉天门内奉天殿,殿东文楼,殿西武楼,殿左中左门,殿右中右门。殿后华盖殿,次谨身殿,次乾清宫,次坤宁宫,宫左柔仪殿,宫右春和殿。洪武元年十一月,复建大本堂于宫城内,为教授太子之处。"

余氏说,与姚篡《江宁府志》所记各条(俱见前引)均异,当不足据。而《明史·地理志》所云,与《明史·舆服志》"宫室之制"所记亦异,《舆服志》只谓宫殿之外,周以皇城,南曰午门,东曰东华,西曰西华,北曰玄武,并无紫禁城与皇城之分,更无东、西、北安之名,是《明史》所记多缺残矣。《明史》撰于清康乾间(始自康熙十七年,至乾隆四年成),成于众手,未可据为定论。而细绎《洪武京城图志》诸书所记,则东西华、玄武当为紫禁城门,东、西、北安当为皇城门。或有据现时俗称西华门在天津桥处,因谓西华为皇城门者。不知清初改建驻防城,延用其名也。清代明宫已毁,俗人难辨,故混称东、西华门为东、西长安门,口碑固有时不足征也。

奉先殿建于洪武三年,《续通典·礼典》载:"太祖洪武三年冬,上以太庙时享,未足以展孝思,复建奉先殿于宫门内之东。以太庙像外朝,以奉先殿像内朝。正殿五间,南向,前轩五间。制四代帝后神位,衣冠,其袝祧送迁之礼,如太庙寝殿仪。成祖迁都北京,建如前制。"

又《续通考[①]·宗庙考》载："帝以岁时致享,则于太庙,至于晨昏谒见,节序告奠,古必有其所,下礼部考论,以闻。尚书陶凯言:古者宗庙之制,前殿后寝,《尔雅》曰室有东西厢,曰庙无东西厢,有室曰寝,庙是栖神之处,故在前;寝是藏衣冠之处,故在后。自汉以来,庙在宫城外,已非一日,故宋建钦先、孝思殿于宫中崇正殿之东,以奉神御。今太庙祭祀,已有定制,请于乾清宫左,别建奉先殿,以奉神御,每日焚香,朔望荐新,节序及生辰皆致祭,用常馔,行家人礼。乃建奉先殿于宫内之东,以太庙像外朝,以奉先殿像内朝。九年,以旧殿弗称,更命改建,正殿五间,南向,深二丈五尺,前轩五间,深半之。"

奉天殿后改名皇极,华盖改名中极,谨身改名建极。康熙《过金陵论》所谓建极殿,即为谨身殿。《明史·舆服志四》"宫室"载："嘉靖三十六年,三殿灾(指北京者),帝以殿名奉天,非题匾所宜用,敕礼部议之。部臣会议,言皇祖肇造之初,名曰奉天者,临揭以示虔尔。既以名,则是昊天监临,俨然在上。临御之际,坐以视朝,似未安也。今乃修复之始,宜更定以答天庥。明年,重建奉天门,更名曰大朝门。四十一年,更名奉天殿曰皇极,华盖殿曰中极,谨身殿曰建极,文楼曰文昭阁,武楼曰武成阁,左顺门曰会极,右顺门曰归极,大朝门曰皇极,东角门曰弘政,西角门曰宣治。又改乾清宫右小阁名曰道心,旁左门曰仁荡,右门曰义平。"清初改三殿为太和、中

---

① 续通考:指《续文献通考》,下同。

和、保和，康熙文中，称金陵父老跽指建极，则嘉靖时，改宫殿名称，南都当亦同时改名也。

又据《建文逊国记》等书所载，宫墙有鬼门及水关，可以通人。《明史纪事本末》卷十七"建文逊国篇"载："建文四年夏六月乙丑，帝知金川门失守，长吁，东西走，欲自杀。翰林院编修程济曰：不如出亡。少监王钺跪而进曰：昔高皇帝升遐时，有遗箧，曰：临大难，当发，谨收藏奉先殿之左。群臣齐言急出之，俄而舁一红箧至，四围俱固以铁，二锁亦灌铁。帝见而大恸，急命举火焚大内，皇后马氏赴火死。程济碎箧，得度牒三张，一名应文，一名应能，一名应贤，袈裟、帽鞋、剃刀俱备，白金十锭。朱书箧内，应文从鬼门出，余从水关御沟而行，薄暮会于神乐之西房。帝曰：数也！程济即为帝祝发，吴王教授杨应能愿祝发随亡。监察御史叶希贤毅然曰：臣名贤，应贤无疑，亦祝发，各易衣披牒。……九人从帝至鬼门，而一舟舣岸，为神乐观道士王升，见帝叩头称万岁，曰：臣固知陛下之来也，畴昔高皇帝见梦，令臣至此耳。乃乘舟至太平门，升导至观，已薄暮矣。俄而杨应能、叶希贤等十三人同至。"按诸史所记逊国事，类本于《逊国》[①]及其他野史之说，而《逊国》所载，后人颇有疑之者。王鸿绪初修之史，据《成祖实录》为正说，《辑览》注云：逊国之说，《明旧史例议》力辩其妄，且言："建文帝阖宫自焚，身殉社稷，死之正也。后人心恶成祖诛夷忠烈之惨，而不忍建文之遽殒，故诡言削发出亡，以明帝之不

---

① 《逊国》：即《建文逊国记》，下同。

死于火耳。"但据王鏊、陆树声、薛应旂、郑晓、朱国祯等书所书逊国事，皆历历可考。后神宗时，尝命阁臣录帝在滇诗以进，似又非尽无稽者。明人纪革除遗事，无虑数十百种之多，即其收入《四库书存目》者，亦有二十余种。其中如符验黄佐，稍稍驳正，然皆辨逊国以后为僧之事，不谓建文焚死宫中。朱睦㮮《逊国记》序中，力辟建文髡缁遁去之说，而于建文四年六月之记，则亦不敢谓自焚。若陈建《皇明统纪》，作于正德间，其所载变服遁去，及诡指后尸为帝尸者，皆本《逊国记》中语。清初朱竹垞以鸿博在史馆，力持《成祖实录》中帝后自焚之说。《明史稿》因之，而仍存出亡之或说于后。至重修《明史》，始以帝不知所终为定案。故《明史》纪传所载，处处为建文出亡地步[①]。观"叶希贤传"，已见大略，而复于"牛景先传"中，据《逊国记》《革除遗事》诸书，备载从亡诸臣，自程济以下，皆有可考，此则为《明史稿》所未及者。按故宫内玉河，有二处接宫墙外，一为东南角，一为西北角，所谓水关、御沟者，当指此二处。而西北角之水关，可直通太平门，现宫墙已毁，无可考证，惟水流遗迹，则尚可按索也。今之父老犹相传建文由御沟出亡，似太祖建宫时，预为后世子孙计万全者。故略引各史所记。

太祖建宫室，规模[②]虽大，而犹尚俭朴。《明史纪事本末》载："典营缮者，以宫室图进，太祖见雕琢奇丽者，命去之。谓中书省臣曰：千古之上，茅茨而圣，雕峻而亡。吾节俭是宝，

---

① 地步：原文如此，疑"步"字为衍文。
② 规模：原文为"规抚"。

民力其毋殚乎！"又载："六宫以次序列，皆朴素不为饰，命博士熊鼎类编古人行事，可为鉴戒者，书之于壁间。又命侍臣书《大学衍义》于两庑壁间。太祖曰：前代宫室，多施绘画，予用此，备朝夕观览，岂不愈于丹青乎？是日，有言瑞州出文石，可甃地，太祖曰：敦崇俭朴，犹恐习于奢华，尔不能以节俭之道事予，乃导予侈丽。言者惭退。"洪武 ① 起自田间，尝言予农家子也，深知农民疾苦，未习丽宫之奉，其宫殿多俭。是以故宫规模，虽与北平宫殿之制相仿，而南都远不及北都之华丽，且规模亦不及北都之宏大。至于苑囿之饰，南都亦远不及北都。明崇祯时，内监刘若愚撰《明宫史》，卷一"内庭宫室琐记"谓："我太祖高皇帝御极时，首崇节俭，内庭宫室，不尚华饰，内监所居尤为质朴。……自太宗文皇帝移驾燕京后，宫室之制，溢美先代。"其纪述北都内庭之建筑甚悉，多有为南都所无者，故据今之北都宫殿，未可以拟南都故宫而无憾也。

明顾起元《客座赘语》谓："南都宫中，水殿之舟楫犹供，陪京之省事不改。"是皇城内当有御苑，备设水殿、舟楫，以供游观也。肷腊山亦当为苑囿之属，其旁有水流，固成山水之观也。北平故宫西，有苑，南都或亦有之欤？敬天崇祖，为君主政治之大典。太祖建宫殿之始，复定崇祀之制，《明史》 ② 载："洪武元年三月 ③，敕中书省臣定郊社宗庙礼以闻。于是李善长、傅瓛、陶安等引古酌今，拟冬至祀昊天上帝于圜丘，

---

① 洪武：指明太祖朱元璋。
② 《明史》：《明史》无这段引文，此当引自《明史纪事本末》卷十四。
③ 三月：原文如此，应为二月。

以大明、夜明星、太岁从；夏至祀方丘，以五岳、五镇、四海、四渎从。四代各一庙，庙皆南向，以四时孟<sup>①</sup>月祭。及岁除，则合祭于高庙。社稷以春秋二仲月上戊日。从之。"其后，又改建圜丘及社稷坛，《明史纪事本末》载："（洪武）十年秋八月庚戌，改建圜丘于南郊。先是，郊祀一如周礼，行之既久，风雨不时，灾异迭见。上谓天地犹父母，父母异处，人情有所未安，乃命即圜丘旧址为坛，而以屋覆之，名大祀殿。癸丑，改建社稷坛于午门之右，共为一坛，十一月丁亥冬至，合祀天地奉天殿。"

《江宁府志·古迹篇》："明天地坛，在洪武门外，今驻防城南，正阳门外。坛制，辟四门，僚以朱垣，内复为垣，上为大祀殿，前为离宫。大垣之右，列神乐观，乐舞礼生在内，设牲牺所，养牺牲于内，清废。坛后，东行里许，折而北，为鸡鹅坊，牺牲所畜，以供大祀者，有官主之，清初废。"

社稷坛，在端门之右，紫禁城外，皇城之内，其南为社街门，《洪武京城图志》谓："旧尝分祭，有乖礼意者多。皇上历考古制，互有不同，以为五土生五谷，所以养夫民者也，分而祭之，生物之意，若无所施，于是合祭于一，春祈秋报，岁率二祀。"（《明史》亦载此说）《续通典·礼典》谓："明太祖洪武元年，建社稷于宫城西南，太社在东，太稷在西；坛皆北向，高五尺，阔五丈，四出陛，五级，二坛同一壝。岁以春秋二仲上戊，亲祀以勾龙、后稷，行三献礼，正位用玉，两邸币用黑色，牲用

_____
① 孟：原文误为"盂"。

35

犊羊、豕各一,配位并同,惟不用玉。"

《续通考·郊社考》:"洪武十八年,改 [1] 建社稷坛。"又谓:"帝既改建太庙,以社稷国初所建,因前代之制,祭配祝皆未当,下礼官议。尚书张筹言请社稷同坛,罢勾龙等配位,奉仁祖配享,帝善之,遂命改建于午门之右。其制:社稷共一坛,坛二层,上广五丈,下广五丈三尺,崇五尺,四出陛,筑以五色土,覆以黄土,如旧制。四面甃以砖石,主崇五尺,埋坛中,微露其末。外壝崇五尺,四面各十九丈二尺五寸,为四门,门壝各饰以方色。外垣东西广六十六丈七尺五寸,南北广八十六丈六尺五寸,皆饰以红,覆黄琉璃瓦。垣北三门,门外为祭殿,凡六楹,深五丈九尺五寸,连延十丈九尺五寸。其北为拜殿,六楹,深三丈九尺五寸,连延十丈九尺五寸,外复为三门。垣东西南门各一,西门内近南神厨六楹,神库六楹,门外宰牲房四楹,中涤牲池一,井一。"其后配祀复有变易,《续通典·礼典》:"仁宗洪熙元年二月,祭社稷,奉太祖、太宗并配,命礼部永为定式。"又《续通志·礼略》:"世宗嘉靖九年,改正社稷配位,仍以句龙 [2]、后稷配。"

太庙在端门之左,紫禁城外东南,皇城之内,其南之门曰庙街门。《明史·礼志》:"明初作四亲庙于宫城东南,各为一庙。皇高祖居中,皇曾祖东第一,皇祖西第一,皇考东第二,皆南向。每庙中室奉神主。东西两夹室,旁两庑。三门,门设二十四戟。外为都宫。正门之南斋次,其西馔次,俱五间,北

---

① 改:原文衍一"改"字。
② 句龙:即勾龙。

向。门之东，神厨五间，西向。其南宰牲池<sup>①</sup>一，南向。"

《续通典·礼典》："洪武八年，改建太庙，前殿后寝。殿翼皆有两庑。寝殿九间，奉藏神主，为同堂异室之则。中室奉德祖，东第一室奉懿祖，西第一室奉熙祖，东第二室奉仁祖，皆南向。建文即位，奉太祖主祔庙正殿神座，次熙祖，东向。寝殿神主居西第二室，南向。"

《金陵古今图考》谓：皇城居极东偏<sup>②</sup>，正门曰洪武，与都城正阳门直对。郊坛在正阳门外东隅。洪武门北之左，列吏、户、礼、兵、工五部，吏部之北有宗人府，宗人府之后有翰林院、詹事府、太医院。洪武门北之右，列中、左、右、前、后五军都督府。后府之南有太常寺，府之后有通政司、锦衣卫、钦天监。通政司之北，有鸿胪寺、行人司。置刑部、都察院、大理寺于太平门外，筑堤于玄武湖上，北达治所。光禄寺、尚宝司、六科，在皇城内。

《洪武京城图志》：皇城之外，其东南为五部，其西南为五府。五部之北为宗人府。承天门外、御街东、宗人府南为吏部，吏部南为户部，户部南为礼部，礼部南为兵部，兵部南为工部。五军都督府<sup>③</sup>之中军都督府在承天门外、御街西，左军都督府在中军都督府南，再南为右军都督府，再南为前军都督府，再南为后军都督府。东长安门之东，为銮驾库。宗人府之东、公生门南为翰林院，院南为詹事府，府南为太医院，太

---

① 宰牲池：原文误为"宰牲祠"，据《明史》改正。
② 偏：原文误为"编"。
③ 五军都督府：原文遗漏"五"字。

常寺在后军都督府南。西长安门之西,为仪礼司。中军都督府之西为通政司,司南为锦衣卫,再南为旗手卫,再南为钦天监。通政司之西,为会同馆,四方进贡使客所居。乌蛮驿在会同馆西,以待四夷进贡使人。行人司在会同馆西北,教坊司在行人司南。

自清季迄今,故宫砖瓦均为市民拆取。城中随处均见宫砖之建筑,砖上均有文,记其造匠及制造地、地方官衔名,其文或阴或阳。予于干河沿某西人宅围垣,见其砖上均有造者之名,其地方则几各省皆有。盖明初各省派官监造者《荷香馆琐言》谓:"明皇城砖,皆有窑匠某造、砖人夫某、总甲某、甲首某、小甲某,及某府提调、通判某,某县提调、县丞某等,阳文,其字有甚工者,今鸡鸣寺砌路之砖,大半此物。"

## 第五节　故宫宫阙 [①]

明故宫宫阙图,有《洪武京城图志》《金陵古今图考》及《江宁府志》诸书载之。近版之《南京城市图》,亦绘故宫遗址,而其最足征信者,则为《洪武京城图志》。若近版地图所记,或本于清制,或据自传说,未可为据。例如今图所作后宰门,系本于俗传,盖明代称玄武,仿孙吴六朝之称也。又今图之东、西长安门,为东、西华门,而明之东、西长安门在承天门外、外五龙桥之左右。又今图之洪武门,为明之正阳门,洪武门在正阳门北,为皇城外围最南之门。《江宁府志》谓"正阳"一作"洪

---

[①]　故宫宫阙:据本节内容应为"故宫宫阙图"。

武"，非明时之称也。《洪武京城图志》虽有皇城、紫禁城图，然于二城之位置，未能确定，于二城之大小，未能表明，又其图绘未精，随纸伸缩，尤乖实际，殿阙所在，难以指辨，爰本考证所得，参据各籍所记，拟故宫宫阙图于次：

擬明故宮圖

# 南京明故宫制度与建筑考

（民国）朱　偰　撰

审校　邢定康
收藏　朱海沫

南京稀见文献丛刊

南京出版传媒集团
南京出版社

# 目　录

# 从一篇新发现的明人故宫记中
# 研究明故宫的制度和建筑

南京的明故宫,是十四世纪世界最伟大的宫廷建筑之一。它在我国建筑史上,占有比较重要的地位。它之所以重要,不仅因为它是南京的主要古迹之一,而且因为它是北京明清两代故宫的蓝本,对于研究我国宫殿制度沿革,具有特殊重要的意义。

可是多少年来,对于研究建筑史的人来说,南京的明故宫仍然是一个空白点。就是研究南京地方文献的人,对于明故宫这一个专题,也苦于资料不足,绘起明代宫城图来,始终无法加以复原。

《洪武京城图志》及陈沂《金陵古今图考》,虽然绘有《皇城紫禁城图》及《国朝都城图》,然前者对于二城的方位四至,未能确定,对于二城的大小比例,未能表明;后者更不过是一个示意图,既未标明宫名、殿名,又未绘出道路、桥梁。

至于地方志中,虽亦附有明故宫图,然亦各有缺点和错误。如明嘉靖《南畿志》,系闻人铨和陈沂所修,其缺点与《金陵古今图考》略同;清同治《上江两县志》明故宫图,更错误百出:如内五龙桥,明明在午门之内,外五龙桥当在承天门之前、洪武门之内(据《洪武京城图志》),而该图则绘内五龙桥于承天门外,外五龙桥于洪武门外,以致水道系统完全弄错,此其一;又社稷坛在东门外御道街之西、端门之右,太庙在午门外御道街之东、端门之左,社稷坛在一九三四年还有石坊三座,太庙的遗址直到今天还保存着,而该图则绘社稷坛于宫城的外侧偏西南角,绘太庙于宫城的外侧偏东南角,此其二;后宰门即玄武门,现在遗址柱础犹存,是宫城的北门,而该图则绘作北安门,而误以玄武门为皇城的北门,此其三。

近人葛定华根据实地调查,参考文献记载,写了一本《金陵明故宫图考》①,附拟明故宫图;然而仍不过是一张示意图,而且太庙和社稷坛的位置未能加以改正,依然沿着《上江两县志》的错误;其他错误之处尚多,是不能令人认为满意的。

至于明宫城以外、皇城以内,许多内府系统的衙门机关,如监、局、司、库之类,则文献记载更属阙如。原来南京的宫廷制度,一如北京,有它庞大的内府供应系统。但是北京的内府二十四个衙门(见拙著《明清两代宫苑建置沿革图考》六一至六二页),因为有关的地名一直保存到今天(如西什库、帘子库、腊库、酒醋局、针工局、巾帽局、制染局,钟鼓司即钟鼓寺,御马监即马神庙等),所以尚还可考;而南京的许多内府衙门,则一概无法考证。最近南京博物院西边空地上出土许多明代青花瓷器,当时人们无法解释;不知道根据最新发现的第一手材料,这里原来是明代的尚膳监,以御厨房而出土明代青花瓷器,是自然不过的事情了。

---

① 一九三三年五月南京前中央大学出版组印行单行本。

一九五一年南京明故宫中山东路以北部分,改筑教练场。当时曾在明故宫遗址,起出宫殿大小石柱础三百五十多个,每一个方础都有方桌到八仙桌大小,大的重数十吨,小的也重十来吨。作者曾建议南京博物院,测绘了一张明故宫石柱础出土地点图,借以保存原来宫殿一层层排列的位置。这一张图,应该是研究明故宫制度的可靠依据之一。当然,因为历时六百多年,有的柱础已被击碎,有的柱础已被盗卖①;其幸而保存下来的,也可能已被移动,不是原来的地位。但是即使有些移动(有的点看来的确已经移动,如文华殿的石础往东移动了),也不会无缘无故把这样大批的大石头都移出数公尺之外;纵使移动的人是为了在地下挖宝,也不过把它稍为挪动一下位置而已。所以这石柱础出土的地点,仍然不失为重要的实物材料之一种依据。

我们所缺少的,还是描写明故宫的第一手材料。而第一手材料中最重要的,是明朝人身亲目睹的记载。最近在明人潘孟登的手抄本《元纪》中,发现他自己写的《明故宫记》一篇,对于明故宫宫殿制度、建筑规模,以及环绕着宫城前后左右的各种衙门官署,包括六部、五府所属的系统以及内府所属的系统,都有比较详尽的记载,确是不可多得的第一手材料。根据这篇记载,我们可以消灭我国建筑史上的这一空白点,并绘出一幅《南京明故宫还原图》。为了尽量保存这篇资

---

① 《金陵明故宫图考》:"其中央略高处,当为三殿之基,由南而北,有方石百十,序列地面,石广如方桌,厚亦如之,多倾倚于土中。近有击碎以售者,并掘取其基之填石,基石深及丈,广亦及寻,盖为宫殿之正殿柱础也。"

料的本来面目,我们逐段加以引证如下。

## 第一段

杨涣沛《故宫记》,志宋大内特详;《容斋随笔》亦有记。今南京故宫,记者寥寥。戊辰夏,先君为南京兵部车驾主事时,兵仗局太监雷洪春司笔钥,得从先王父文林公游焉。

这一段总叙缘起。本文作者潘孟登已不可考,惟太监雷洪春见旧抄本《朝野纪闻》,系明崇祯时人。戊辰当系崇祯元年,即公元一六二八年。兵仗局系内府二十四衙门之一,在今南京后宰门外,详见以后考证。

## 第二段

从长安右门入,乃皇墙之右掖门也。门外有署,为行人司;司南为鸿胪寺。东行里许,得西上门。门之内,北向者为通政司,南向者为尚宝司;与尚宝司相向稍东而北户者,为印绶监。

长安右门是皇城的城门之一,在洪武门直北御道之西,与长安左门遥遥相对。根据《洪武京城图志》的图,皇城的南门是洪武门,由洪武门循御道而北,其东为东长安门,西为西长安门。这里所谓长安右门,便是《洪武京城图志》皇城图上的西长安门。这门前有八宝街直达大中桥,是当时明宫城和南京市中心( 今城南一带 )的交通要道,所以潘孟登参观明故宫,由长安右门入。门外有署,为行人司;司南为鸿胪寺。这和《金陵古今图考》记载"洪武门北之右,列中、左、右、前、后五军都督府;后府之南有太常寺;府之后有通政司、锦衣卫、钦天监;通政司之北,有鸿胪寺、行人司",完全相合。

比较难考的是西上门。按《洪武京城图志》,皇城的东门叫做东安门,东安门之西与东华门之间,有东上南门、东上北门。皇城的西门叫做西安门,西安门之东与西华门之间,有西上南门、西上北门。皇城的北门叫做北安门,北安门与玄武门之间,东为北上东门,西为北上西门。这里所谓西上门,应该是指西上南门。

考北京宫阙制度,都仿南京,北京原来的北上门在紫禁城北面神武门对面,景山前面;北上东、西门在北上门左右两傍,东上北门在今北池子骑河楼西口,东上南门在今南池子吗噶喇庙迤西;西上北门在今北长街中部街西,西上南门在今南长街中部街西(约去西华门外西南一里许)[1]。则南京明故宫的西上南门,也当在西华门外南北长街南长街中部街西,离西华门西南一里许。潘孟登从长安右门而入,应该是进承天门,但是承天门是宫城正门,当时未必敢随便开放,所以很可能是从承天门西面正对社稷坛的旁门而入,折而向西,便到了西上南门。原文中的"东行里许",当是"西行里许"之误。

"门之内,北向者为通政司",按通政司据《洪武京城图

---

[1] 参阅拙著《明清两代宫苑建置沿革图考》,一九四七年上海商务印书馆出版,四一——四八页。

志》,在中军都督府之西、锦衣卫之北;据《金陵古今图考》,也在五军都督府之后,鸿胪寺、行人司之南,与此记载不合。可能是在明初到嘉靖、万历年间,通政司尚在皇城之外,到了崇祯年间,已搬到皇城之内了[①]。至于尚宝司的位置,与《南京尚宝司志》所记地点(在午门之外、南接兵科)也有出入。

## 第三段

又里许,得西安门。门内东北有砖屋如浮图者十余重,为冰窖。又里许为西华门,皇城之西门也,入门尽宫阙矣。

西安门据《洪武京城图志》,是皇城的西门,在今玄津桥正东,俗称西华门(这是因为清朝筑驻防城,以此为驻防城的西门,沿用明朝西华门的名称);而明朝的西华门,则为宫城的西门,抗战以前遗迹还在。这里说西华门是皇城的西门,是混淆了皇城与宫城的关系;但是"入门尽宫阙"一句,却可纠正上句的错误。

西安门内东北有砖屋如浮图者十余重,是明朝的冰窖,颇可补他书之不足。按四十年前南京地图,这里还绘作水晶台,水晶台和冰窖,疑有渊源关系。

## 第四段

皇城之东门曰东华门,门又东曰东安门。门内北向者

---

① 明代的衙署,有不少迁移的先例。如尚宝司原在紫禁城内,正殿之西侧,后迁至午门之外,与六科同处。教坊司原在西华门外西南,后迁至城南旧院附近。

为御马监,南向者为光录寺①。与寺相对而稍西者,为尚膳监。又东为长安左门,则皇墙矣。门内稍南者为宗人府,府之东为翰林院。

　　按东华门是宫城的东门,东安门是皇城的东门,前者门阙还在,后者也有遗址可寻。此文又误宫城为皇城,但内外关系和方向不误。"门内北向者为御马监",即今南京射击场一带;"南向者为光录寺",即今南京博物院地方;"与寺相对而稍西者为尚膳监",则在今南京博物院西墙之外,明宫城护城河以东一带,这个地方最近出土明代青花瓷器,正可作一旁证。

　　又考北京宫禁制度,都仿南京,北京的光录寺在东安门大街之北,尚膳监在骑河楼北沿河一带②,也可与南京明故宫互相印证。

## 第五段

　　皇城之正楼曰午门,谚谓五凤楼,楼凡五门。楼甚高壮,罘罳青锁,翼以左右楼。楼贮铁铠胄数万,胄有铁面具,以铁丝相钩为帘,长二尺许,铠用铁叶,长三寸,广七八分,贯以苇条,相比如雁翎。正楼东西为钟鼓楼,大钟可贮百石,青丝如绣黛。东西楼下为左右掖门,门亦有殿庑。午门之南曰端门,两庑为六科。廊左为宗庙,右为社稷。又南为大

---

① 光录寺:应为"光禄寺",下同。——整理者注
② 参阅拙著《明清两代宫苑建置沿革图考》,一九四七年上海商务印书馆出版,四二页。

明门。

午门是宫城正门,现称午朝门,门阙还在,五门向南,形势雄壮。只是午门原来的制度,左右两边向南伸出,所谓"双阙",亦称"两观";上面有五座楼,连以长庑,所谓五凤楼。现在门楼已毁,左右向南伸出的双阙,也被拆毁;但是门阙上面柱础依然,可以完全看得出来是三座楼的基址。在抗日战争以前,两观虽被拆去,但石基还在,量其基南北各长六丈,北端接近门楼处比较完整,厚约三丈。

本文对于正楼东西楼为钟鼓楼的制度,描写颇详,可补文献之不足。午门之南为端门,两庑为六科,也与《洪武京城图志》《南京尚宝司志》记载相合。惟对于太庙及社稷坛,描写过略,是其不足之处,可参考《洪武京城图志》、《续通典·礼典》太庙条 ①、《续通典·郊社考》社稷坛条 ②,加以补充。

# 第六段

午门之内为奉天门,门之左右为东西角门,并有殿。奉天门内为奉天殿,正朝也。殿左右有门,左曰中左门,右曰中右门,并有小殿可御。两庑有楼,左曰文楼,右曰武楼。奉天殿之后曰华盖殿,实穿殿也。华盖之后曰谨身殿。殿后则后宫之正门也。逊国之役,奉天三殿尽毁,所存台址崇数丈耳。奉天门外两庑之间有门,左曰左顺门,右曰右顺门。

---

① 见下文补充第三点。
② 见下文补充第三点。

这一段记载,和《洪武京城图志》几乎完全相同,而较详细。所不同者有二:

一、华盖殿是一穿殿性质,大概是继承宋、元以来宫殿中穿堂制度,而略加以变通。

二、"奉天门之左右为东、西角门,并有殿",而《洪武京城图志》则作"东角门楼",其附近有门曰东角门,而"西角门楼"附近之门曰西角门。按宫殿四围有墙,四角有角楼,盖受元大都宫殿的影响,当以东、西角门楼之说为是。

照此段记载,大概前三殿从建文逊国时被火起,一直到崇祯年间,还没有恢复。到了弘光在南京即位后半年,才加以重建。

## 第七段

左顺门之东为东华门,门右正南为文华门,门内殿曰文华殿,东宫视事之所,上亦间御之。殿一重,颇壮丽,广袤不及十丈。右顺之西为西华门,正南为武英门,门内为武英殿,斋戒时所御,杀于文华。文华殿之后为太子宫,宫殿颇多,已圮废。

这一段记载,和《洪武京城图志》《明史·舆服志》、南京历代各地方志记载相同,惟多出二点:

一、文华殿屋宇一重,而武英殿的制度又不及文华。

二、文华殿后面是太子宫,宫殿颇多,但是到崇祯年间已经圮废了。文华殿及武英殿,对照明故宫石柱础出土地点图,还可以考定它们的确切地点。

## 第八段

后宫正门为乾清门,其内为乾清宫。宫宏壮伟丽,天子内寝也。两庑有楼,并高伟如翚飞。后曰交泰殿,亦穿殿也。其后曰坤宁门,门内曰坤宁宫,皇后所居也。殿九楹,并壮丽。左室有床,黄屋雕朱,广与室齐,深杀其半。两庑并四十八楹。

这一段记载,最值得注意:

第一,乾清宫两庑有楼,而且都很高,这与北京故宫乾清宫两庑制度不同。

第二,交泰殿也是一座穿殿。

第三,坤宁门在坤宁宫前面,南向;而不是如北京故宫坤宁门在坤宁宫后面,北向。

第四,坤宁宫前面两庑各有四十八楹,自成一个庭院,这和北京故宫乾清宫、交泰殿、坤宁宫共在一个大院之中,合成"后三殿",也全然不同。

此外描写坤宁宫里寝床,"黄屋雕朱,广与室齐",也是从来各书所未载,可补文献之不足。

## 第九段

乾清之东南为奉先殿,制杀于坤宁,而崇丽倍之。诸宫殿并废不饰,惟奉先殿岁时加饰,太常、尚膳,进享如礼。

故侈丽特冠。东西后宫甚盛,足力不能遍,然圮废者多,遂不入。

大概到明崇祯时代,南京明故宫宫殿中保存的最好的,要算奉先殿了。这是因为南京太庙久已遭火烧毁[①],终明之世,未曾修复;而南京有明太祖孝陵,是明朝开国的地方,必须以时致祭,祭祀的地方,便利用奉先殿[②]。所以本文所说"奉先殿岁时加饰,太常、尚膳,进享如礼",是完全合乎事实的。

据《续通典·礼典》及《续通考·宗庙考》所载,奉先殿在乾清宫之左,正殿五间,南向,深三丈五尺;前轩五间,深半之。对照明故宫石柱础出土地点图,在乾清宫东南地方,有一群石础出土,正好是奉先殿的所在地。再拿它来和北京故宫奉先殿相对比,方位亦完全相合,所以我们完全可以确定它的地点。

可惜的是,本文对于后宫制度,略而不载,仅仅说"东西后宫甚盛……然圮废者多,遂不入"。考《洪武京城图志》,于后宫载有柔仪殿、春和殿;余鸿客《金陵览古》,亦谓坤宁宫左为柔仪殿,宫右为春和殿。《两申垫录》[③]载南都灾异,有兴庆左房,永福、永寿二宫。这些宫殿名称,当属于东西后宫范围之内。又考北京明故宫,有东六宫与西六宫,都在乾清、坤宁二宫左右两傍,宫名左右对称。嘉靖十四年(一五三五年),曾

---

① 《明史·五行志》:"正德十三年六月甲子,南京太庙火毁前后殿、东西庑、神厨库。"

② 参阅《南京太常寺志》。

③ 《两申垫录》:即《二申野录》。——整理者注

改十二宫宫名，改名以前与改名以后的十二宫，列表如左 ①：

| | | |
|---|---|---|
| 长杨 | 永安 | 长寿 |
| 咸阳 | 永宁 | 长宁 |
| 坤宁宫 | 乾清宫 | |
| 寿昌 | 万安 | 长乐 |
| 寿安 | 长春 | 未央 |

| | | |
|---|---|---|
| 景阳 | 永和 | 延祺 |
| 钟粹 | 承乾 | 景仁 |
| 坤宁宫 | 乾清宫 | |
| 储秀 | 翊坤 | 毓德 |
| 咸福 | 永宁 | 启祥 |

　　北京故宫的制度，多仿自南京，北京既有东六宫、西六宫，似乎南京明故宫也当早已有之。疑永福、永寿等宫，当是十二宫宫名中的一部分，然而现在已无法加以确定了。

## 第十段

　　西北为十库，绕北至厚载门，为内官诸监，兵仗、针工、酒醋等局。监局之设，悉与北同。诸监官日夜营造，过于大内。

---

　　① 　参阅拙著《明清两代宫苑建置沿革图考》，一九四七年上海商务印书馆出版，一九一二十页。（整理者注：手稿为自右向左竖排书写，故用"左"表示。）

北京皇城西北隅有十库,地名西什库。十库是甲、乙、丙、丁、戊、承运、广运、广惠、广积、赃罚库。今此文说南京也有十库,在皇城西北,完全暗合。

厚载门即玄武门,今讹作后宰门,相当于北京神武门。

内官诸监悉与北同。查北京兵仗局的军器库,又叫做火药局,在今地安门内东板桥北边(地名还叫火药局);北京针工局、巾帽局,在今地安门内针工局及巾帽局胡同;北京酒醋局,在今地安门内板桥街东边(地名还叫酒醋局),都在皇城的东北隅。本文所说的兵仗、针工、酒醋等局,也都在厚载门外,皇城的东北隅,和北京的制度也完全相合。

# 第十一段

大内井干,惟绘水藻,不事龙凤,所谓藻税也。或曰以避火灾。皇城楼阙,并巨丽轩伟。皇墙上有栌桶,飞出数丈,复以黄瓦龙饰。下有长街石道,壮丽远过燕京。燕京皇墙,薄如鱼鬣。自披门至东华,不及半里。执此拟彼,大不侔矣。

这一段记载,有关南京明故宫本身建筑,亦颇为重要。

第一,是宫殿天花板上的井干,只绘水藻,不绘龙凤,这是后代"藻井"二字的来源。

第二,是皇墙(实即皇城)的建筑与北京的皇城不同,它上有栌桶,飞出数丈,复以黄瓦龙饰,下有长街石道,比较北京皇城宏伟。

第三,是宫城的规模比北京紫禁城还大。但是查北京紫禁城,从东到西,长约〇.七五公里,不到一公里,而南京明宫城,从东到西,则长〇.七六里<sup>①</sup>,略大于北京紫禁城;从南到北,前者长约一.一公里强,后者长约一.〇四公里,则小于北京紫禁城。故此说未必可信。

综观这篇《明故宫记》,保存了不少南京明故宫材料,可说是这一个专题最详的第一手材料。其中记午门的钟鼓楼、文华殿后面的太子宫、坤宁宫的两庑四十八楹、宫内左室的大床,以及光录寺、尚宝司、印绶监、鸿胪寺、行人司,和内府各衙门(如御马监、尚膳监、兵仗局、针工局、酒醋局、十库、冰窖等),都值得我们加以注意。其他关于建筑方面的记载,也有它独到的地方。我们根据它的记载,再对照明故宫石柱础出土地点图,便可大体上绘出一张《明故宫还原图》,尽可能将明故宫制度加以复原(附图一<sup>②</sup>)。

但是在另一方面,这篇记载也有不足的地方,必须参考其他文献加以补充,方可得见明故宫的全貌。这篇记载的缺点主要有四:

(一)完全忽略了明故宫的水道系统;

(二)对于故宫西部御苑记载略而不详;

(三)对于太庙、社稷坛制度只提了一句,未能详记;

(四)对于洪武门左右六部(实际上是五部,刑部在城外)、五府及附近有关衙署完全从略。

---

① 据上下文,此处应为"〇.七六公里",原文误脱"公"。——整理者注
② 原图已佚。——整理者注

现在分别加以补充如下：

（一）**明故宫水道系统**　明故宫水道系统[①]，有三个来源[②]：

一是皇城东北外从南京城外前湖引水入城的水闸，进城以后，从半山寺而东南，流经南京博物院后墙西墙之外，注入明宫城东边护城河中。这是过去的青溪正源，上承钟山南麓紫霞洞泉水和雨水，水源颇旺。

二是皇城正北从太平门外玄武湖东南角，用地下水管引水入城，一支沿皇城根东南流，在后宰门北面流入宫城护城河；一支沿御史廊而南，流入竺桥，与宫城护城河的下游相连。这是吴赤乌四年（二四一年）孙权所凿东渠的故道。

三是皇城正东从铜心管（管有五孔，铜管重达一吨以上）引水入城，叫做御河。御河流经皇城东南角之前，叫做青龙桥；到承天门前面，叫做外五龙桥（现在还保存着）；到长安右门外，叫做白虎桥；到会同馆前面，叫做会通桥，因为会同馆西有乌蛮驿，是招待少数民族使者的地方，所以又叫乌蛮桥，讹为五马桥。再西经柏川桥流入杨吴城濠，杨吴城濠再南流经大中桥，入于秦淮河。另有一条沟渠，从洪武门东工部门首，经东城兵马司、标营、柳树湾、关王庙、太医院，至宗人府后面，经东长安门水关流入御河（见明万历四十年疏通沟渠碑，该碑现立在午朝门内）。这一条水道，即《金陵古今图考》

---

① 原文如此。——整理者注
② 参阅拙著《金陵古迹图考》，一九二七年上海商务印书馆出版，一九三一——九五页。

所谓"东出青龙桥,西出白虎桥,至柏川桥入濠者,今大内之御河也"。这是明皇城南面的主要水道,在国民党统治时期,因为筑明故宫飞机场,把西段改引而南,绕飞机场南面,引入杨吴城濠,已非明朝的故道。

至于宫城的护城河,是引前湖之水而凿成的,宽约三丈至五丈不等。现在东、西、北三面,还完好无缺,仅南面因筑中山东路及环午朝门马路,已被填塞。其下游有三:一从宫城的东北角经解放路向西,流入竺桥下的杨吴城濠;一从宫城的东南角经太庙东墙之外,在青龙桥西面,流入御河;一从宫城西南角经社稷坛西墙之下,在白虎桥北面流入御河。这最后一条水道,已因筑明故宫飞机场填塞,仅留下若干低洼的水塘而已。

宫城以内的水道,叫做玉河,从宫城西北角引护城河水入城,向南流经西华门内,折而东南,至武英门前,又东南至午门正北,叫做内五龙桥(现在遗桥还在)。再东略北经文华门南、东华门内,又折而向南,从城东南角出城,复入护城河。这一条玉河,在抗日战争以前,还断断续续,若隐若现,完全可以复原,改筑教练场以后,已全部填平,但是内五龙桥下一段,以及靠近东华门处出城东南角一段,于一九六四年修浚河道时,河床犹清晰可以辨认,现在还保存东华门迤南一部分河道。

(二)**明故宫西部的御苑**,潘孟登游记中完全失载;但是甘熙《白下琐言》卷二,却明白记载:"紫禁城内正殿旧址,阶级犹存。右偏有高阜,呼为肮脏山,乃叠石而成,玲珑可爱,指为梳妆台遗址。"葛定华《金陵明故宫图考》也说:"其西北隅有土阜,大数亩,相传为妆台旧址,今有民家三五,结茅其上。旧时土阜之太湖石,亦尽为人取去。"一九五一年,改筑教练场以后,仅保存石券一洞门,显然是过去山洞的遗留。俗传为梳妆台,当然是不可靠的。

查明顾起元《客座赘语》,谓"南都宫中,水殿之舟楫犹供,陪京之省事不改",则宫城之内当有御苑,备有水殿舟楫,以供游览。查这一带地势,据南京实测等高线图观察,在故宫中为最低,又适在玉河之旁,宜于引水凿池,据各方面加以推测,这一带很可能是御苑的遗址。

(三)关于**太庙**,《续通典·礼典》记载较详,写道:"洪武八年(一三七五),改建太庙,前殿后寝,殿翼皆有两庑。寝殿九间,奉藏神主,为同堂异室之制。中室奉德祖,东第一室奉懿祖,西第一室奉熙祖,东第二室奉仁祖,皆南向。建文即位,奉太祖主祔庙正殿神座,次熙祖,东向。寝殿神主居西第二室,南向。"按太庙遗址,在某学院内,有一高台,柱础犹存,今已加以绿化,借以保存古迹。太庙正南,为庙街门,东为庙左门,西为庙右门。

关于**社稷坛**,《续通考·郊社考》记载较详,写道:"洪武十八年(一三八五)改建社稷坛",又云:"……遂命改建于午门之右,其制:社稷共一坛,坛二层,上广五丈,下广五丈三尺,崇五尺,四出陛。筑以五色土,复以黄土,如旧制。四面甃以砖石。主崇五尺,埋坛中,微露其末。外墙崇五尺,四面各十九丈二尺五寸,为四门,门墙各饰以方色。外垣东西广六十六丈七尺五寸,南北广八十六丈六尺五寸,皆饰以红,复黄琉璃瓦。垣北三门,门外为祭殿,凡六楹,深五丈九尺五寸,连延十丈九尺五寸。其北为拜殿,六楹,深三丈九尺五寸,连延十丈九尺五寸。外复为三门。垣东、西、南门各一。西门内近南神厨六楹,神庙六楹。门外宰牲房四楹,中涤牲池一、井一。"又按《洪武京城图志》,社稷坛正南,为社街门,东为社左门,西为社右门。

社稷坛到清道光时犹存,甘熙《白下琐言》卷二载:"午门外左有土阜,坦平如砥,长可数十丈,两旁亦然,阶石柱础,错落其间。其右有石坊,四面屹立,乃庙社之遗迹也。"一直到一九三二年,作者尚亲自看见东、西、北三座石坊,并摄有照片。后国民党反动派筑明故宫飞机场,遂完全加以拆除,不留一点遗迹了。

(四)关于洪武门左右六部、五府、各衙门,《洪武京城图志》和《金陵古今图考》二书各有记载,大致相同。

《洪武京城图志》有官署表和图,根据它的记载,皇城外面向南凸出部分两傍,东面是五部,西面是五府。在御街之东,由北往南,第一是宗人府,第二是吏部,第三是户部,第四是礼部,第五是兵部,第六是工部。在御街之西,由北往南,第一是中军都督府,第二是左军都督府,第三是右军都督府,第四是前军都督府,第五是后军都督府,第六是太常寺。长安左门之东,是銮驾库。长安左门之南,公生门之外,是翰林院;院南是詹事府;府南是太医院;院南为东城兵马司。长安右门之西、长安街之西南,是仪礼司。长安右门之南、公生门之外、中军都督府之西,是通政司;司南是锦衣卫;卫南是旗手卫;卫南是钦天监。通政司之西,是会同馆;馆西是乌蛮驿。行人司在会同馆西北;教坊司在行人司南。刑部、都察院、大理寺,都在太平门外,后湖的西南岸。

《金陵古今图考》写道:"洪武门北之左,列吏、户、礼、兵、工五部。吏部之北,有宗人府。宗人府之后,有翰林院、詹事府、太医院。洪武门北之右,列中、左、右、前、后五军都督府。后府之南有太常寺。府之后有通政司、锦衣卫、钦天监。通政司之北,有鸿胪寺、行人司。置刑部、都察院、大理寺于太平门外,筑堤于玄武湖上,北达治所。光录寺、尚宝司、六科在皇城内。"

二书记载,互有详略,可以互相补充。

《南京尚宝司志》,载尚宝司地址有二:一为本司直房,"南接兵科,凡朝贺燕集大祀斋宿,则尚宝与六科同室而处,联席而坐"。一是本司住宅,大小计房五十四间,东至柏川桥大街,西至后街河沿下,南至工部公署,北至兵部公署。这所住宅,是万历三十四年购置的,原来是陆景成的民房,立有契据。

大概到了明朝末年,六部、五府和其他一些衙署大多已经失修,有的甚至已经圮倾。吴应箕的《留都见闻录》卷下写道:"府部寺卫等大堂,俱夹营于正阳门之左右。五府最宽敞,门堂不改,而墙垣多圮矣。各部尚整齐,入门视阶前古柏,弥令人有森肃之气;惟宗人府则荡然,仅存门柱。"又说:"三法司衙门在太平门外,较城中尤巍侈,后园大墙几于包蔽后湖,今皆圮矣。惟出门过堤，左山右湖，而法司居其间，又制度宏敞……有凛然不可犯之意。"大抵六部各有花园点缀，然明末亦多荒废。同书卷一写道："六部各有园，皆为之不及百年。礼、户二部俱在洪武门之左。礼部有敞亭可憩，户部有高楼可眺，亦引水为池，恨疏凿不得法耳。予亲见园中竹树时为堂官斫取；又众以传舍视之，不久废圮矣。刑部有白云高处，在太平门内，地据钟山之支，弥望苍茫，亦堪引目。"可见刑部虽在城外，然它的花园却在城内，可能是在复舟山<sup>①</sup>一带地方。

（五）**关于明故宫所处地势高低**，也应该根据实测地形等高线，结合文献记载，加以补充说明。据《白下琐言》卷四："金陵城东北旧有燕雀湖，一名前湖，明祖填为大内。"《金陵古今图考》也说："皇城……在宋、元东城之外燕雀湖地"，可见填燕雀湖之说，并非无因。朱元璋晚年《祀灶文》，也表示后悔说："宫城之地，首昂中洼，形势不称。本欲迁都，年老力倦，兴废有命，惟有听天。"现在我们实测明故宫一带及其周围的地形，绘出等高线（附图二<sup>②</sup>），更可以证明填燕雀湖之说，确有根据。整个明故宫的地形，是东、南、北三面高，而中部和西部较低，最低的地方，是在宫城的西部和南部（从午朝门到外五龙桥以南一带），但从外五龙桥以南，到洪武门，则步步高升。我们站在洪武门遗址向北一望，则宫城一带，地势低洼，历历都在眼底，形势殊不相称。弄清楚这一带的地形，更可以说明为什么明故宫的水道系统，都从东向西流了。

---

① 复舟山：即覆舟山。——整理者注
② 原图已佚。——整理者注

# 结　论

明代故宫的制度及其建筑,大概略如上述。根据上面我们研究的结果,再对照明故宫石柱础出土地点图,我们就可以绘出一张《明故宫还原图》,纵然不能把明故宫完全复原,也可以恢复到百分之七十以上。

我们研究古代宫廷制度,不单是为了研究而研究,更不是为了好古,而是为了用我们研究出来的结果,更好地说明社会发展史。从这一篇明故宫的研究分析看来,我们除了在建筑史方面有所阐明以外,至少可以说明两点:

第一,**明代宫廷经济的庞大**。

内府系统二十四衙门,环绕着宫城周围,无一不是为封建帝王的宫廷经济服务的。当时所用的内监,估计至少在万人以上;到了明朝末年,遂递增至十万人[①]。

第二,**明代封建官僚机构的壅肿**[②]**与庞大**。

所有六部、五府、院、馆、监、司,无一不是封建帝王统治人民、压迫人民的工具;而所有这些机构,星罗棋布地布满在宫城、皇城周围,完整地反映出来明代封建政治中枢的面貌。

此外由南京明故宫的研究中,更可以明了北京明清两代故宫的制度所由来及其沿革,对于研究我国近六百年来宫廷制度,有它一定的参考价值和意义的。

---

① 缪小山(整理者注:即缪荃孙)《云自在龛笔记》,引康熙四十九年上谕,言明季宫女至九千人,内监至十万人,其宫中脂粉钱四十万两,供应银数百万两。

② 壅肿:应作"臃肿"。——整理者注

# "南京稀见文献丛刊"
## 已出书目

1. 《六朝事迹编类·六朝通鉴博议》　　　　　　　　（宋）张敦颐；（宋）李焘

2. 《梁代陵墓考·六朝陵墓调查报告》

　　　　　　　（清末民初）张璜；（民国）中央古物保管委员会编辑委员会

3. 《南唐书（两种）》　　　　　　　　　　　　　　（宋）马令；（宋）陆游

4. 《南唐二主词》　　　　　　　　　　　　　　　（南唐）李璟，李煜

5. 《南唐二陵发掘报告》　　　　　　　　　　　　　　南京博物院

6–9. 《景定建康志》　　　　　　　　　　　　　　　（宋）周应合

10. 《金陵百咏·金陵杂兴·金陵杂咏·金陵百咏（外一种）》

　　　　　　　　（宋）曾极；（宋）苏泂；（清）王友亮；（清）汤濂

11. 《南京·南京》　　　　　　　　　　　　（明）解缙；（民国）李邵青

12. 《洪武京城图志·金陵古今图考》　　　　　　（明）礼部；（明）陈沂

13. 《献花岩志·牛首山志·栖霞小志·覆舟山小志》

　　　　　　　（明）陈沂；（明）盛时泰；（明）盛时泰；（民国）汪闿

14. 《金陵世纪·金陵选胜·金陵览古》

                                (明)陈沂；(明)孙应岳；(清)余宾硕

15. 《后湖志》                               (明)赵官等

16. 《金陵旧事·凤凰台记事》        (明)焦竑；(明)马生龙

17. 《金陵琐事·续金陵琐事·二续金陵琐事》        (明)周晖

18. 《客座赘语》                          (明)顾起元

19–21. 《金陵梵刹志》                    (明)葛寅亮

22. 《金陵玄观志》                      (明)葛寅亮

23. 《留都见闻录·金陵待征录》      (明)吴应箕；(清)金鳌

24. 《板桥杂记·续板桥杂记·板桥杂记补》

             (明末清初)余怀；(清)珠泉居士；(清末民初)金嗣芬

25. 《建康古今记》                      (清)顾炎武

26. 《随园食单·白门食谱·冶城蔬谱·续冶城蔬谱》

      (清)袁枚；(民国)张通之；(清末民初)龚乃保；(民国)王孝煃

27. 《钟山书院志》                      (清)汤椿年

28. 《莫愁湖志》                        (清)马士图

29. 《金陵览胜诗考》                    (清)周宝偀

30. 《秣陵集》                          (清)陈文述

31. 《摄山志》                          (清)陈毅

32. 《抚夷日记》                        (清)张喜

33. 《白下琐言》                        (清)甘熙

34. 《灵谷禅林志》      (清)甘熙、谢元福，(民国)佚名

35. 《承恩寺缘起碑板录·律门祖庭汇志·扫叶楼集·金陵乌龙潭放生池古迹考》

（清）释鹰巢；（清末民初）释辅仁；（民国）潘宗鼎；（民国）检斋居士

**36.《教谕公稀龄撮记·可园备忘录·凤叟八十年经历图记》**

（清）陈元恒，（清末民初）陈作霖；（清末民初）陈作霖，

（民国）陈祖同、陈诒绂；（清末民国）陈作仪

**37-39.《南京愚园文献十一种》** （清）胡恩燮，（民国）胡光国 等

《白下愚园集》 （清）胡恩燮等，（民国）胡光国

《白下愚园续集》 （清）张之洞等，（民国）胡光国

《白下愚园续集（补）》 （清）潘宗鼎等，（民国）胡光国

《愚园宴集诗》 （清）潘任等

《白下愚园题景七十咏》 （清）胡恩燮，（民国）胡光国

《愚园楹联》 （民国）胡光国

《白下愚园游记》 （民国）吴楚

《愚园题咏》 （民国）胡韵蓂

《愚园诗话》 （民国）胡光国

《愚园丛札》 佚名

《灌叟撮记》 （民国）胡光国

**40.《江宁府七县地形考略·上元江宁乡土合志》** （清末民初）陈作霖

**41-42.《金陵琐志九种》** （清末民初）陈作霖，（民国）陈诒绂

《运渎桥道小志》 （清末民初）陈作霖

《凤麓小志》 （清末民初）陈作霖

《东城志略》 （清末民初）陈作霖

《金陵物产风土志》 （清末民初）陈作霖

《南朝佛志寺》 （清末民初）孙文川，陈作霖

《炳烛里谈》 （清末民初）陈作霖

《钟南淮北区域志》 　　　　　　　　　（民国）陈诒绂

《石城山志》 　　　　　　　　　（民国）陈诒绂

《金陵园墅志》 　　　　　　　　　（民国）陈诒绂

43—44. 《秦淮广纪》 　　　　　　　　　　　　（清）缪荃孙

45. 《盋山志》 　　　　　　　　　　　　　　（清）顾云

46. 《金陵关十年报告》 　　　　（清末民国）金陵关税务司

47. 《金陵杂志·金陵杂志续集》 　　　　（清末民初）徐寿卿

48. 《新京备乘》 　　　　　（民国）陈迺勋，杜福堃

49. 《金陵岁时记·岁华忆语》 　　（民国）潘宗鼎；（民国）夏仁虎

50. 《秦淮志》 　　　　　　　　　（民国）夏仁虎

51. 《雨花石子记》 　　　　　　　　　（民国）王猩酉

52. 《金陵胜迹志》 　　　　　　　　　（民国）胡祥翰

53. 《瞻园志》 　　　　　　　　　（民国）胡祥翰

54. 《陷京三月记》 　　　　　　　　　（民国）蒋公穀

55. 《总理陵园小志》 　　　　　　　　　（民国）傅焕光

56. 《金陵名胜写生集》 　　　　　　　　　（民国）周玲荪

57. 《丹凤街》 　　　　　　　　　（民国）张恨水

58. 《新都胜迹考》 　　　　　（民国）周念行，徐芳田

59. 《金陵大报恩寺塔志》 　　　　　　　　　（民国）张惠衣

60. 《万石斋灵岩大理石谱》 　　　　　　　　（民国）张轮远

61. 《明孝陵志》 　　　　　　　　　（民国）王焕镳

62. 《金陵明故宫图考·南京明故宫制度与建筑考》

　　　　　　　（民国）葛定华；（民国）朱偰

63. 《冶城话旧·东山琐缀》 　　　　　　　　　（民国）卢前